キャリアを創る

女性の
キャリア形成論入門

天童 睦子 編

学文社

キャリア教育を学ぶあなたへ
ライフ・キャリアの視点

✿ キャリアとはなにか ··

　この本は初めてキャリア教育を本格的に学ぶ人のためにつくられています。あなたはキャリアという言葉を聞いて、まず何をイメージしたでしょうか。将来の仕事？　資格をとること？　就職活動？　自分の未来？　なかにはキャリアウーマン、あるいはキャリア組などと呼ばれるエリート集団が浮かんだ人もいることでしょう。

　キャリア (career) とは元々、車の通った道、轍を意味し (ラテン語の carrus から派生した carraria)、連続するつながりを持った道といった意味でしたが、やがて生涯にわたる仕事、職業履歴、仕事の経歴を指すようになりました。この本で注目するのはそのような職業形成としてのキャリアの意味を含みながら、さらに生き方の自己決定にかかわるライフ・キャリアの視点です。

✿ ライフ・キャリアの視点 ··

　ライフ・キャリアは、生涯にわたる生き方、学び方、働き方を示すことば、とひとまず定義しておきます。この用語は少しずつ広がってはいるものの、明確な定義がされているわけではありません。先駆的な例としては『女性とライフキャリア』(東京女子大学女性学研究所ほか編 2009) があります。そこでは「個人としてまた社会的存在としての男女が、その生活・仕事・人生において積み重ねていく経験・経歴」(同書、p.1) とされています。

　これまでのキャリア論は仕事上の経験、経歴、その変化を中心に論じられるものでしたが、そこには働く人のモデルとして暗に男性労働者が念頭に置かれ、女性のキャリア形成をめぐるジェンダー問題、生涯にわたる生活、仕事、人生、学習といった視点は、薄かったように思います。

　女性とライフ・キャリアの視点、この考え方はヒントになります。なぜなら、キャリアは職業的経歴を意味するものという従来の見方では、現実に人生を前向きに生きようとする若い世代のキャリア形成の多様性と、未来志向

的な人生の多面性をとらえることはできないからです。とりわけ、女性の人生は、生産と再生産、就労とケア（育児、介護）をめぐって、歓び、楽しみ、葛藤、困難を同時に抱えることにもなりがちです。

　そのなかで、ライフ・キャリアの視点は、自分らしく生きることを前向きにとらえ、ときに思うようにことが進まず、心が沈み込むような時期があっても、人生のシナリオは何度でも書き直せると、立ち上がる意思につながる道を示唆します。

🌸 市民としての生き方

　ライフ (life) について、もう少し丁寧に考えてみましょう。命、人生、一生を意味するライフ、このことばを深めていくと、どう生きるか、生き方の自己決定の課題とつながっていきます。

　もうひとつは、キャリアの前にライフがある、ということです。女性が主体的に自己の人生の展望をひらくことができる時代、どう生きるか（ライフプラン）の長期的展望のなかで、「キャリアのプランとデザイン」をつくること、つまりどう働き、そのためにどのような準備と実践が必要かを具体的に考え、実行していくかが問われているのです。

　ライフ・キャリアの視点は、就職や就労のためだけのキャリアではなく、市民としてなにができるか、地域をどうつくるか、男女がともに家族生活を大事にする人生となっているか、といった個人として、市民としての生き方もまた視野に入れたものです。

　21世紀に入ってからの災害を振り返れば、2011年の東日本大震災、2016年の熊本地震、そして2020年新型コロナウイルス感染症の世界的拡大。一人の力ではどうしようもない危機に直面したとき、そこで力となるのは人々の相互扶助や地域市民のしなやかなネットワークです。

　現代を生きる女性たちよ！　ピンチをチャンスに。あなたらしくキャリアを創るために、本書が少しでも役立てば幸いです。

宮城学院女子大学　天童睦子

CONTENTS

社会を知りキャリアを創る
──女性のキャリア形成論入門

天童睦子

1. 現代社会と女性の生き方、働き方

日本社会とジェンダー平等

　女性と仕事という課題は、現代社会における労働とジェンダーの問題に直結しています。ライフ・キャリアの視点から、自分の生き方・働き方を考えるとき、視野に入れておくべきことは、現代の社会が、女性の経済活動をどう位置づけ、意味づけている社会なのか、またそれはどのように変化しつつあるのか、ということです。

　過去を遡ってみると、世界的には 1970 年代以降、欧米社会を中心に女性の社会進出、経済活動への参画が大きく促進されました。1960 年代後半以降の第二波フェミニズム（女性解放の思潮と運動）の展開をきっかけに、国連をはじめ世界的にも女性の地位向上の取り組みが活発化したのもこのころです。1979 年、女性差別撤廃条約が国連総会で採択され、世界の女性憲法とも呼ばれるこの条約を日本も批准しました（1985 年）。

　とはいえ、日本の社会状況は世界のジェンダー平等の常識とは今なお、かなりかけ離れています。ジェンダー（gender）とは「社会的・文化的につくられた性別」のことです。世界経済フォーラムが発表する「ジェンダー平等ランキング」（世界の国々の男女平等の度合いを数値化したもの）で日本は 120 位（ジェンダー・ギャップ指数 2021年）と、先進諸国のなかで最低レベルにあり、ジェンダー格差が著しい国とみなされています。とりわけ公的領域（政治的・経済的領域）での女性の位置には厳しい現実があります。女性の経済活動への参画、そして女性のリーダーシップの促進は社会全体の課題なのです。

社会の変化を知る

　男女雇用機会均等法の成立（1985 年）から 30 年以上を経て、日本社会はどう変わったでしょうか。性別役割分業体制の根強さに変化の兆しはある

でしょうか。子どもを持つこと、育むことが、女性にとって仕事の継続とトレードオフ（二者択一）の状態は過去のものとなったでしょうか。女性の管理職は増えているでしょうか。

　M字型労働曲線の谷底はだいぶ浅くなりました〔第2章参照〕。とはいえ、女性の非正規雇用の増大、パートタイマーという雇用の調節弁、貧困の女性化と、2020年以降のコロナ禍の影響も相まって、女性に厳しい労働状況が増している面があります。フルタイムや専門職として働く女性たちのなかにも、ガラスの天井（女性の昇進を阻む見えない障壁）、あるいは昇進はしたものの、女性管理職が少ないなかで働きにくさを感じたり、バーンアウト（燃え尽き症候群）に陥る事例もあるのが実情です。

　女性活躍推進法（2015年成立）、ポジティブアクションなど、女性の社会経済的活躍を後押しする法律はかなり整いつつあります。社会や経済の状況、そして法律にも目配りしながら、女性労働の未来を考えていきましょう。

2. キャリア教育で伝えたいこと

自立と自律

　ライフプラン、キャリアデザイン、キャリア形成を考えるうえで、心にとどめておきたいことは、自立と自律というキーワードです。

　若年層の自立を論じる際に、一般には経済的自立や就労支援に目が向きがちですが、ジェンダーの視点から自立を考えると、2つの側面があることが見えてきます。ひとつは、他者の保護に依存することなく、自らのニーズと希望に見合った人生プランを遂行しうる自立（independence）、つまり経済的・社会的自立を中心とする考え方です。もうひとつは他者に服従することなく、自己決定、自己選択を可能にする精神的自律（autonomy）です。自立・自律は、公的領域や生産活動だけでなく、親密圏におけるジェンダー平等なパートナーシップや個人の価値を尊重しあい生活をともにする家族関係とも

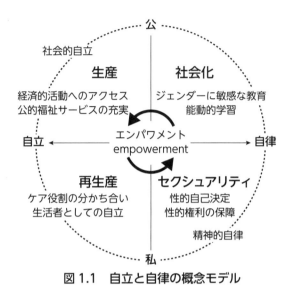

図 1.1　自立と自律の概念モデル

（出所）天童睦子（2009）p.149 をもとに作成

深くかかわっています。

　図 1.1 は自立と自律の課題を考えるための概念モデルです。公的領域と私的領域を縦軸に、自立／自律を横軸にとってみましょう。生産領域における女性の劣位は、再生産の領域と不可分に結びついています。女性の経済的依存は、雇用の仕組みと国家規模の社会政策を通して構造化されてきました。職業に就き、経済活動を行うことは、経済的自立、つまり自分の足で立つうえでの大きな一歩です。そして公的領域における経済的活動としてのペイドワークへのアクセス、国家的な社会福祉サービスの保障は、私的領域における再生産、ケア役割の保障と分かち合いとともになされるべきものです。働く人、生活者の権利保障もまた社会全体の責任です。もうひとつのキーワード、自律は、学ぶことの自律性、能動的学習の保障、そしてセクシュアリティ、とりわけ若者の親密圏における自己決定・自己選択と深くかかわるものです。

社会的自立と精神的自律の両面が、若者、女性のエンパワメント（生きる力をつけること）につながっています。

　自分なりのライフプランを、自立・自律をふまえて自由に描くために必要なことはなにか。それを考え、実践していくことを含めたキャリア教育が求められます。

キャリア教育の実践：5つのポイント

　では具体的には何をどう進めればよいのでしょうか。5つのポイントを挙げておきます。

1）　自分を知り、自分らしい生き方を考えましょう。自分はなにをしたいのか、何が好きなのか、どのような価値観を大切にしたいのか、どのように人とかかわっていきたいのか。

　　　就職活動は、将来の道を探求するための第一歩です。それは単に就職目的の活動という意味ではなく、経済的・精神的に自立・自律した個人としての生き方を考える好機となります〔第3章「女性の職業選択と生き方」参照〕。

2）　社会とその変化を知りましょう。学び続けましょう。知識は力になります。情報をバランスよく取り入れましょう。ときにはSNSから距離を置き、文献を探し、本を読みましょう。キャリアを学び、進路選択の考察を通して、世の中の仕組みを知るのです。就職活動もまた実践的学びの一つです。

3）　人生の先輩の体験談を聞き、ロールモデル（将来こんな風になりたいと思える人や生き方）を見つけることも有意義です。身近な他者（母、伯母・叔母、祖母）、大学の先輩、教職員、そしてあこがれの職業についている先行世代の方からお話を聞く機会を自分でつくりだす行動力も大事です。聞くは一時の恥、聞かぬは一生の損。出会いとつながりを大切にしましょう。

4) 自分がしたいこと、自分にできること、職場や社会のなかで自分に求められることはつねに一致するとは限りません。その道の専門家、アドバイスしてくれる人、相談相手をみつけましょう。大学のキャリアセンター、キャリアガイダンスを上手に利用しましょう。支援を受ける力、いわば受援力を培うことも必要です。

5) キャリアの扉をひらく
   将来の明確な目的や道筋を定めている人は、それに必要なスキル（技能）、資格の獲得に必要な学びを意識しましょう。時間をかけて一定期間集中力を保てれば大概のことは身に付きます。後手に回らないことがポイントです。将来の目標が見いだせない人、就職活動がなんとなく不安という人は焦ることはありません。迷うこともまた人生の醍醐味です。一人で悩まず、他者に語ることで、納得のいく道が見つかることもあります。あなたの将来の扉をひらくのは、あなた自身なのです。

3. 女性主体のキャリア形成論

ジェンダー平等の視点

　教育は歴史的、社会・文化的、政治・経済的といった、教育および知識の伝達・獲得を取り巻く社会環境から離れてとらえることはできない営みです。

　人間にとっての知識というとき、長らくそれは、人＝男性（man）を暗に前提とした、男性中心主義的知識ではなかったか、そのような疑問を呈したのが、ジェンダー視点にたつ知識論でした。

　1970年代以降、女性学、ジェンダー概念の登場によって、社会における男女間の不平等を照らし出す視点が提起された時期を経て、ジェンダー平等や多様な性のあり方の受容は世界の常識知になりつつあります。とはいうものの、固定的な性役割に基づく差別や偏見が完全に消え去ったわけではなく、社会制度、政治、経済、文化、法、教育などの社会の仕組みに、男性優位の

構造や性による非対称、序列化のメカニズムが埋め込まれています。政治家の発言や、メディアの取り上げ方に露骨な「性差別的表現」が表出する場合もあります。

　労働の場での男女間の非対称や序列化は、女性にとって不利益となるばかりでなく、男性にとっても稼ぎ手役割の自明視、長時間労働、ケア役割からの疎外など「男らしさの呪縛」による困難をもたらしています。男性にとってのケアの保障（子育てや介護をする権利）、男性のライフ・キャリアの視点もまた重要な課題です〔Column1「ケアと就労」参照〕。

隠れたカリキュラムとジェンダー

　学校教育の場は、機会の「均等」を保障し、男女同一のカリキュラムがあり、能力主義と平等原則が前提とされているため、一見、性に基づく不平等の再生産が見えにくいものとなっています。教育における「隠れたカリキュラム」研究が明らかにしているように、学校が男女「共学」になればただちに性の平等が達成できるといえるほど、教育におけるジェンダー問題は単純ではありません。学校教育が機会の「均等」を保障し、男女に同一の教科を教えるとしても、日々の教育実践のなかで、ジェンダー・バイアス（性に基づく偏見）はときに助長され、知らず知らずのうちに再生産されています。高校までの授業、部活動、生徒指導や進路指導を振り返ったとき、個性重視といいながら、教育現場での性別カテゴリーの多用や、ステレオタイプに基づく役割の分離・序列に気づくことはありませんか。

　ジェンダー平等な社会創造に向けた文化の伝達と変革にかかわる教育において、具体的には次の点が重要となるでしょう。一つは、あらゆる教育段階（幼児教育から学校教育段階、生涯学習まで）において、明示的・暗示的に伝えられる男女間の差異を「自然なもの」と意味づける象徴的境界や序列の見直しです。もう一つは、教育の場における日常的な相互作用に潜む「隠れたジェンダー・バイアス」に気づくことです。

具体的には、教育の場における性別ごとのカテゴリー化、男女別の色分けや役割分担、進路指導や部活動での教師から生徒への「なにげない」ことばかけ、「女子でも物理ができるんだね」とか「男子のくせに力がない」といった日常的な相互作用の場で用いられることばや行動様式を振り返り、教育実践の場における「性別ステレオタイプの思い込み」から、教師も、生徒も、職員も、親も解き放たれて自由な発想へと転換することです。

未来の扉をひらく

　本書は主に女性主体のキャリア形成を視野に書かれたものですが、ジェンダー視点をいかしたキャリアの学び、教養教育・一般教育の一環として用いることができます。

　キャリア教育は単なる就職準備のため、というのは限られた見方です。キャリア教育は、それを通して現代の社会・文化状況を知るという意味ではキャリアの社会学であり、ジェンダーと労働の経済学にかかわる長年の課題でもあります。そしてどう生きるかを考えるライフ・キャリアの視点は、人生設計の哲学的アプローチ（人生と人間存在の根本原理の探究）へとつながるものといえましょう。

　キャリア教育は、男女を問わず、変動する社会への対応能力を持ちつつ、すべての人々の人格の尊重と平和に貢献しうる、自立した個人を育てる営みです。ライフ・キャリアの視点は、自らの意思を持ってどう生きるか、どう学ぶか、どう未来を創っていくか、さらにそれらの学びと活動を通して、よりよい社会のあり方を広く深く考えることのできる豊かな学びのプロセスと結びついています。

　大学ならではのキャリアの学びから、あなたがひらく未来の扉を見つけてください。

参考文献

青島祐子（2007）『新版　女性のキャリアデザイン―働き方・生き方の選択』
　学文社

天童睦子（2009）「性支配の構造とセクシュアリティ―親密な関係性とDV」
　柴野昌山編『青少年・若者の自立支援―ユースワークによる学校・地域の再生』
　世界思想社

東京女子大学女性学研究所・矢澤澄子・岡村清子編（2009）『女性とライフキャ
　リア』勁草書房

ジェンダーで読み解く現代社会
——女性と労働

天 童 睦 子

はじめに

　ジェンダーは「社会的・文化的につくられた性別」を意味します。もともとジェンダーとは名詞の性別を表す文法用語でしたが、第二波フェミニズムから生まれた女性学（women's studies）とともに、ジェンダー概念に新しい意味が付与されました。その背景には、性の社会的・文化的構築性への気づきがあります。

　この章では、女性学、ジェンダーの視点から、女性と労働にかかわる課題として、生産と再生産、女性のライフコース、生活時間の国際比較を取り上げます。

1. 生産と再生産

　人類の誕生以来、人間は生産活動を営んできました。生産は単に生活の維持のためだけではなく、労働を通じて他者との社会的関係を作る重要な活動でもあります。人間の日常生活のなかで、生産と再生産が不可分に結びついていた時代から、近代社会の到来以降、やがて生産領域と再生産領域が分離されていきます。近代化は産業構造の変化をともない、とりわけ男女の生活構造に大きな影響をもたらしました。近代化をジェンダーの視点からみるならば、具体的には生産領域は男性中心、再生産領域は女性中心と性別区分され、生産領域の活動は賃金労働として支払われる労働に、そして再生産は賃金が支払われない労働（アンペイド・ワーク）として、影の労働になっていったのです。

　生きる営みの中で、再生産（日々の労働力の再生産、次世代の再生産）は不可欠の要素であるにもかかわらず、再生産領域での活動（家事、ケア、子どもを産み育てること、介護）は家庭内で女性がはたす無償の労働とされ、長らく光が当てられてきませんでした。

　ライフ・キャリアの視点は、生産領域の賃金労働ばかりでなく、再生産領

域を視野に入れたトータルな人生と、個人と社会のかかわり方を学ぶ必要性に気づかせてくれます。

2. 女性のライフコース：理想と現実

M字型曲線が意味するもの

　日本の女性労働の現状には、諸外国とは異なるいくつかの特徴があります。

　ここではM字型労働曲線、ジェンダー格差、非正規雇用比率の高さを取り上げます。

　日本の15歳以上の女性の労働力人口比率を年齢階級別にグラフ化すると、2つの山をもつM字カーブを描くことはよく知られています。学校卒業後に就労し、20歳代で高い労働力率になるものの、その後結婚・出産・育児で退職し、子育てが一段落したところで再び仕事に就くことで40歳代

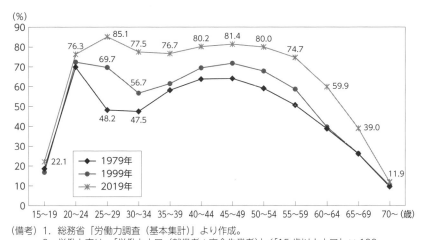

（備考）　1．総務省「労働力調査（基本集計）」より作成。
　　　　2．労働力率は、「労働力人口（就業者＋完全失業者）」／「15歳以上人口」×100。

図2.1　女性の年齢階級別労働力率の推移

（出所）内閣府男女共同参画局（2020）『男女共同参画白書　令和2年版』p.104より作成

で再上昇する、これをグラフに表すと、アルファベットの「M」に似た曲線になることからM字型労働曲線と呼ばれました。国際的には女性の労働力率がM字型となるのは、日本、韓国など限られた国です。

　M字カーブのグラフを時系列で比較すると、1970年代のM字の谷は深く、時期は25歳〜34歳でした。1990年代には谷底が30歳代へと移行し、2019年のデータでは谷はかなり浅くなっています（**図2.1**）。このような変化の背景には女性の晩婚・晩産化、子育て年齢の上昇、少子化による子育て期間の短縮といった女性の生き方の変化、ライフコースの変化が見て取れます。

女性とライフコース

　ライフコースとは、個人が年齢別の役割や出来事を経てたどる、人生行路のことです。家族社会学者の目黒依子によれば、ライフコースの視点は、人生の出来事を個人が経験する時機や期間、移行、順序などの多様性や時代性（歴史的時間）と、個人の一生（個人的時間）、および家族生活（家族的時間）の3つの時間軸に注目するもので、同時代に生きる人々の人生パターンの差異や、時代の変化と個人の人生との関連の分析を可能にするアプローチとしています（井上他編 2002：243）。

　では、現代の女性たちはどのような将来の生き方をイメージしているのでしょうか。

　国立社会保障・人口問題研究所が未婚の男女を対象に長年行っている調査によれば、未婚女性（18歳から34歳）の、理想と予定のライフコースを尋ねた結果を1985年と2015年で比較してみると、「理想のライフコース」、「予定のライフコース」でともに「結婚または出産を機に退職し、その後は仕事を持たない」という「専業主婦志向」は減り、「結婚し子どもを持つが、仕事も続ける」という「両立志向」が増えています。もっとも、「中断再就職志向」（結婚または出産を機に退職し、子育て後に再び仕事を持つ）は2015

年で「理想」「予定」ともに 30％ほどと高めです。谷が浅くなったとはいえ、「仕事と家庭生活のトレードオフ」（二者択一）は女性にとっての悩みの種という現実が続いているのかもしれません。

　同調査の、未婚の男性がパートナーとなる女性に期待するコースの経年変化では、男性がパートナーに専業主婦を望む割合は大きく減少し、両立志向が上昇しています。また、男女の回答ではともに DINKS（Double Income No Kids：結婚して共働きで子どもはなし）を望む割合が少ないとの結果です。

　ペイドワーク（有償労働）と、アンペイドワーク（無償労働）のバランス、育児や介護といったケアを含めたバランスの取れた生活は、男女双方の課題といえましょう。

3.　ジェンダー格差と労働法：男女雇用機会均等法以後

　ジェンダー格差とは、性（ジェンダー）を理由に、経済的・文化的差別が行われ、雇用上の不利益を片方の性、主に女性が被り、経済的格差が生み出されることです。とくに、男女間の賃金格差は、まさに社会構造的な性差別、性役割を背景に生み出されてきました。家事・育児、介護は女性の役割といった社会・文化的慣行、職場の暗黙の性別分担的労働環境、女性の昇進を阻む見えない壁、そのような障害を是正するうえで欠かせないのは法律です。

　労働法は、一般に、労働問題に関するさまざまな法律の総称のことです。労働基準法、労働組合法のほか、男女雇用機会均等法、育児介護休業法、パートタイム労働法など、ジェンダーにかかわる法も含まれます。

　男女雇用機会均等法は 1985 年に制定されました（1986 年施行）。それまでは労働法分野の男女差別禁止規定としては、賃金差別を禁止する労働基準法 4 条しかありませんでした（浅倉 2013）。

　男女雇用機会均等法成立の背景には、国連の女性差別撤廃条約を日本が批准するために、賃金以外の男女差別を明確に禁止することが必要とされた経

緯があります（天童 2017：33）。当初、均等法は、募集、採用、配置、昇進の機会や待遇の均等を事業主の明確な義務とせず、「努力義務」と定めたため、実効性の弱い法律ともいわれましたが、その後、1997年の第一次改正で、努力義務規定は解消され、明確な義務規定となりました。また事業主に対するセクシュアルハラスメント防止措置の義務化が取り入れられたことは重要な改正点です（1997年改正 1999年施行）。2006年の第二次改正では、男女双方に対する雇用差別を禁止、間接差別の禁止も盛り込まれました（2006年改正 2007年施行）。

　その後、2016年の改正では、妊娠・出産等に関する上司・同僚による就業環境を害する行為に対する防止措置（いわゆるマタニティハラスメント防止措置）を義務付ける規定が設けられ（2016年改正 2017年施行）、2020年6月に施行された改正均等法においては、ハラスメント防止対策がさらに強化されています〔第6章「働くことの権利」参照〕。

4. ライフとワークを考える

ワーク・ライフ・バランス

　2015年、女性活躍推進法が制定され、日本政府は積極的に女性の「社会的活躍」を後押しする政策に乗り出しました。具体的には、①女性に対する採用、昇進等の機会の積極的な提供およびその活用と、性別による固定的役割分担等を反映した職場慣行が及ぼす影響への配慮が行われること、②職業生活と家庭生活との両立を図るために必要な環境の整備により、職業生活と家庭生活との円滑かつ継続的な両立を可能にすること、③女性の職業生活と家庭生活との両立に関し、本人の意思が尊重されるべきことが謳われています。

　政府はまた、2007年に「ワーク・ライフ・バランス憲章」を策定、ワーク・ライフ・バランス（仕事と生活の調和）が言われて久しいですが、この

取り組みは、企業にとっても、従業員の就労意欲の向上、働きやすい環境の整備が能力ある人々の就業継続にプラスの効果をもたらすとの指摘があります（大沢2006）。

　個人生活のレベルでも、人生選択の幅の広がり、個人化という「自分らしい生き方」へのこだわりなど、価値の多様化の時代にあって「もの」よりも「心の豊かさ」や、個人生活（趣味、余暇、プライベートな時間・空間）を重視する人々にとっては、まずライフ（人生・生き方）が先に来る、「ライフとワークのバランス」感覚が定着しつつあるかもしれません。

非正規雇用と女性

　法的整備が進みつつある一方で、日本の女性を取り巻く労働環境の問題点は、非正規雇用の割合の高さです。日本では1990年代以降、非正規雇用者が増え続けており、非正規雇用の7割を女性が占めています。また、女性労働者に占める非正規雇用の割合も5割を超えています。

　欧米では1970年代から80年代にかけて、経済のグローバル化、新自由主義下の政治経済体制を背景に社会的格差が顕在化し、それまでの雇用形態が大きく揺らぎ始めました。日本もまた、バブル崩壊後、長期にわたる経済不況に陥り、90年代後半以降、日本型雇用、男性稼ぎ手モデルを前提とする旧来の雇用制度がさまざまな矛盾を噴出させました（久場2011）。

　そのなかで日本の経済界は、正規雇用者を絞り込み非正規雇用者を増やして労働費用を圧縮する主張を強め、2000年代には非正規雇用者の増加傾向が目立つようになりました。

　もっとも、ジェンダー視点からいえば、パートタイマーという低賃金、雇用の調節弁的位置づけ、非正規雇用、派遣・契約労働者という不安定な労働条件は、女性の労働問題として目新しいものではありません。90年代以降に若者世代のニート、フリーター問題、2000年代の若年層男女の不安定就労や貧困の構図が可視化されたことで、それまで周辺化されていた女性労働

の問題が、格差社会の問題としてクローズアップされたといえるでしょう。

コロナ禍と女性労働

　おりしも、2020年の世界的な新型コロナウイルス感染症拡大のなかで、私たちは命、健康、医療、経済活動、働き方、教育、ケアなど、生活全般にかかわる価値と政策の見直しに直面しています。またコロナ禍の影響は女性の雇用危機と密接にかかわっています。

　とりわけ日本では、雇用調整の対象になりやすい非正規雇用就業者に女性が多く、学校の一斉休校、保育所休園という「緊急時」に、家庭で子どもの世話を担うのは女性、といった性役割が強調された面も否めません（周 2020）。

　もっとも、感染症拡大はこれまでの働き方の見直しを迫ることにもなり、テレワーク、リモートワークの導入が図られました。このことは男女ともに長時間労働・長時間通勤から開放され、在宅による家事とケア役割の変化に向かう可能性もあります。

　「仕事か家庭か」の二者択一の時代を超えて、ペイド・ワークだけでなく、アンペイド・ワークの分かち合いに取り組む契機として、なにができるか、なにをすべきかを考えていきましょう。

参考文献

浅倉むつ子（2004）『労働法とジェンダー』勁草書房
浅倉むつ子（2013）「労働法と男女雇用機会均等法」木村涼子ほか編『よくわかるジェンダー・スタディーズ』ミネルヴァ書房
井上輝子他編（2002）『岩波 女性学事典』岩波書店
大沢真知子（2006）『ワークライフバランス社会へ—個人が主役の働き方』岩波書店
久場嬉子（2011）「女性労働のいま—男女雇用機会均等法制定四半世紀を経て」

女性労働問題研究所編『女性労働研究』55：7-23.

周燕飛（2020）「コロナショックの被害は女性に集中―働き方改革でピンチを
　チャンスに」JILPT リサーチアイ第 38 回（2020.6.26）https://www.jil.
　go.jp/researcheye/bn/038_200626.html（2021 年 3 月 10 日最終閲覧）

天童睦子（2017）『女性・人権・生きること』学文社

矢澤澄子（2009）「男女共同参画時代と女性のライフキャリア」東京女子大学
　女性学研究所・矢澤澄子・岡村清子編『女性とライフキャリア』勁草書房

My Work

1. M字カーブとその変化

   日本女性の年齢階級別労働力率の推移（**図 2.1**）を見て、どのような変化があったか、またその背景を考えてみましょう。

2. 女性の理想と予定のライフコース

   国立社会保障・人口問題研究所による「出生動向基本調査」では 1987 年以降、女性の希望するライフコースについて「理想」と「予定」をたずねています。第2章 pp.14-15 を読み、以下の URL で「女性の理想と予想のライフコース」「男性がパートナーに望むライフコース」を調べてみましょう。その経年変化を見て、あなたはどのようなことに気づきますか。

   国立社会保障・人口問題研究所「第 15 回出生動向基本調査」
   第Ⅰ部　独身者調査の結果概要：第3章 希望の結婚像
   http://www.ipss.go.jp/ps-doukou/j/doukou15/report15html/
   NFS15R_html04.html

3. 生活時間の国際比較を通して、ライフとワークを考えてみよう

   OECD（経済協力開発機構）が 2020 年にまとめた生活時間の国際比較データ（15 〜 64 歳の男女を対象）によると、有償労働（ペイドワーク）の時間の OECD 平均は、女性 218 分、男性 317 分で、対象国中とくに有償労働時間が長いのは、日本男性（452 分）、韓国男性（419 分）との結果でした。一方、無償労働（アンペイドワーク）時間の OECD 平均は、女性 262 分、男性 136 分で、どの国も無償労働時間は女性の方が長いとの結果でした。**図 2.2** を見て、日本の男女の生活時間を諸外国と比較した場合、どのような特徴が挙げられますか。

4. ハラスメントとは何か

   セクシュアル・ハラスメント（略してセクハラ）は日本では 1980 年代以降、主に雇用の場での「性的嫌がらせ」として認識され、社会問題化されました。職場における力関係を背景に起こるパワー・ハラスメント（パワハラ）、妊娠期・出産期の女性に対する不当や扱いや嫌がらせであるマタニティ・ハラスメント（マタハラ）も顕在化しています。第6章「働くことの権利」を読み、ハラスメントの意味、対処法と支援を調べましょう。

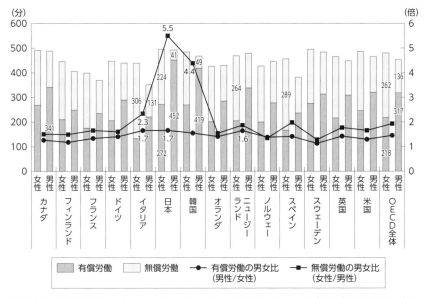

（備考）1. OECD`Balancing paid work, unpaid work and leisure（2020）をもとに、内閣府男女共同参画局にて作成。
　　　2. 有償労働は、「paid work or study」に該当する生活時間、無償労働は「unpaid work」に該当する生活時間。
　　　　「有償労働」は、「有償労働（すべての仕事）」、「通勤・通学」、「授業や講義・学校での活動等」、「調査・宿題」、「求職活動」、「その他の有償労働・学業関連行動」の時間の合計。
　　　　「無償労働」は、「日常の家事」、「買い物」、「世帯員のケア」、「非世帯員のケア」、「ボランティア活動」、「家事関連活動のための移動」、「その他の無償労働」の時間の合計。
　　　3. 調査は、2009年〜2018年の間に実施している。

図 2.2　生活時間の国際比較 週全体平均、一日当たり、国際比較

（出所）内閣府男女共同参画局（2020）『男女共同参画白書　令和2年版』p.45 より作成

ケアと就労 ── 子どもを育てるのはだれなのか ──

藤女子大学　木脇 奈智子

ケアは働く女性たちのハードル？

　これから就職をするみなさんは、定年まで働きたいと思っていますか？　先のことはわかりませんね。とてもムリだろうとためいきをついているあなた、その原因は何ですか？　もしかしたら、子育てや家事、介護と仕事の両立ではないでしょうか？

　こうしたケア労働は、確かにこれまでは女性に割り当てられてきました。

　家族のための労働をして、かつ就労継続できるのかなと、不安に感じている人もいらっしゃると思います。専業主婦のお母さんに育てていただいた人は、働くお母さんのロールモデルを見たことがないかもしれませんね。

　このコラムでは、第二次世界大戦後の日本のケアと労働の動向を見てみましょう。

「子どもは三歳までは母親が育てるのがよい」って本当ですか？

　第二次世界大戦後、世界では戦争孤児が増え、WHO（世界保健機関）ではボウルビィ（J. Bowlby）という心理学者に委託研究を依頼しました。その結果、「三歳児神話」や「母性神話」が台頭し、子どもを育てるのは親、とりわけ母親の役割であるという考え方が広まりました。

　私は 1980 年代に大学の教育学部でこの論理を刷り込まれました。「ジェンダー」ということばさえ知らなかったこの時代に、とてももやもやしたことを覚えています。

　当時、母親が仕事に出る間に保育園に預けられる子どもたちは「かわいそう」とか「愛情不足になるのではないか」と言われたものです。

　ボウルビィの三歳児神話（Bowlby 1951）に「科学的根拠を見出すことはできない」と日本政府が認めたのは、約 50 年後の『平成 10 年版　厚生白書』（1998）でした。この間の彼の影響は大きいものがありました。

思い込みというのは怖いもので「当たり前だから」「みんながそういうから」というような理由で日本人の子育て観が作られてきたのです。多文化を比較することによって、自分たちが「アタリマエ」と思っていたことのおかしさや不思議さが浮き彫りになってみえます。これが比較文化研究の意義であると私は考えています。

世界の動向─女性の就労率が高い国は出生率も高い─

　1980 年以降、先進国のほとんどは少子化傾向に陥りました。なかでも専業主婦の母親が多い日本や韓国の出生率低下が突出したのは、非常に興味深いことでした。

　つまり、お母さんの多くが育児に専念してきた地域でとくに子どもが減ったのです。

　一方で北欧など、男女共働きの国は出生率も高止まりで、「男女ともに働くこと」と「男女ともに子どもを育てること」を両立できるように意識や制度を整えてきた国は、今も少子化を回避しています。

　私自身は、北欧やアジアの子育て調査を通じて、「子どもを育てるのは誰なのか？」を考え続けてきました。なかでも、何度も視察に訪れたフィンランドにはネウボラという妊娠期から出産・育児期まで切れ目ない親支援の仕組みがあり、「子どもを育てるのは親ではなく社会である」という理念を国が明確に打ち出していることに感激しました。

　少子化対策として、「母親を助けてあげる」ために子育て支援を始めた日本とは、立ち位置が 180 度違うことに驚きました。

　ネウボラナース（母子専門の保健師）という子育て・家族支援の専門職も養成され、ひとつの家族に継続して 7 年間「切れ目のない子育て支援」が無償で提供されています。彼女たちが「私たちは親を説教する存在ではない」ということにも共感しました。子どもは次世代の労働力として、国の宝でもあります。社会をあげてこれを育てる。すっかり子育てが「私的なもの」に矮小化されてしまった日本の子育ては見直す必要がありそうです。

父親ムーブメント―子育ては父親の権利でもある―

　子育て支援では世界に立ち遅れた日本ですが、この間画期的な動きもありました。それは、1970年代に男性保育士（当時の男性保母）を中心に「男の子育てを考える会」というNPOができたのを皮切りに、多くの男性の子育てムーブメントや著書が現れたことです。

　1999年に厚生省（当時）が「育児をしない男を父とは呼ばない。」というポスターを作成しましたが、「それなら心いくまで育児をやらせてくれ！」と長時間労働社会に立ち向かうポスターが育時連（「男も女も育児時間を！連絡会」）から出されました。

　男性の育児時間は依然として長くはなく、育児休暇を取る男性も7％台（2020年）です。しかし「義務としてではなく権利として子育てをしたい」という男性たちが出てきたのは大きな変化であるといえるでしょう。

地域で子どもを育てる―子育て支援の活用―

　戦後に農村からでてきた若い夫婦は核家族が主流になり、それまで大家族で子育てを手伝ってくれていた姑や兄弟、地域の人からの子育ての援助を得ることが難しくなりました。私たちはこれを「地縁・血縁の消失」と呼んでいます。しがらみがないのはある意味では自由なことですが、子育ては人の手を必要とします。

　私は大学院の時、関西からお茶の水女子大学に赤ん坊を連れて通っていた時期がありました。子連れ長時間通学のため自分は前日から水分を取らず、4時間トイレにいかなくても対応できるような苦労をしました。親である大人が人間らしい暮らし、普通に食事をとり、排せつして、眠る時間を確保できなければ、子どもを再生産しようと思う人が減るのは、子ども好きの私にも納得できます。

　そこで、地域の子育て支援の推進が必要であると考えています。日本型の地域子育て支援は、子育て経験のある女性にボランティアや非正規雇用で頼っていますが、子育て支援の専門員を育てていく必要を感じています。

もう一つの課題は子育てとジェンダーです。男性が個々の考えからではなく「親としての権利」として、産前産後休暇・育児休暇・子どもの病気休暇などを「あたりまえに」取得できる日が遠くない将来やってくると思います。

　みなさんは、ぜひパートナーや地域と子育てをシェアしてください。それは子どもにとってもいいことです。人生は「子どもか、仕事か」の二者択一ではないのです。

　みなさんの人生が広がっていくことを祈っております。

参考文献

Bowlby, J. (1951) *Maternal Care and Mental Health.* World Health Organization.

厚生省（1998）『平成10年版　厚生白書―少子社会を考える』

木脇奈智子編著（2020）『子育て支援』中山書店

3 女性の職業選択と生き方
——最初が肝心

キャリアコンサルタント **小野 和子**

1. 最初が肝心

　キャリアカウンセリングの現場で多くの女性たちの就職相談、支援に携わってきました。相談者の方々から「私に合った仕事を探したいのです……」という言葉をよく耳にします。その時、まず確認するのは、最初の仕事への取り組み、そこから得た経験、知識、スキルなどです。

　なぜなら最初に就いた仕事、経験した仕事内容の意味づけが自分自身でできているか、自覚できているかがその後の生き方（職業選択とキャリア形成）に大きく影響すると考えられるからです。

就職活動と初職（最初に就いた仕事）の意味

　学校を卒業後の20歳代女性の約8割が働いています。学生から社会人となって数年が経ち、多くの女性は仕事をする中で、働きづらさ、生きづらさを感じ始めます。補助的な仕事や雑用をこなしながら将来の展望が見出せず、役職を目指す選択肢はあまりにも厳しそうで、「この仕事をこのまま続けていっていいのか」という不安感、焦燥感を持ちます。

　結婚までの腰掛けだし、そこまで働かなくても、婚活に精を出して寿退社できればという考えも一方ではもちろんあります。

　しかし、自分の思うとおりにはなかなかいかないのが現実です。自分が携わっている仕事などの目の前の課題から逃げずに取り組んだ経験の有無が、その後の人生で重要な意味をもちます。

　初職で何らかの自分なりの仕事のやり方を学び、その仕事の意味を考えてみることは、その後の人生にとって重要な意味をもちます。

　「辞めなければよかった」との後悔だけが残るようなことがないように、もし仮に仕事を辞めたとしても、仕事を自分なりにやり遂げたという実感をもてるように、初職にどう取り組むのかを就職活動を通して考え、働くこと

のビジョンを摑んでおくことが大切です。

　就職活動にしっかり取り組み、仕事への準備をしてから社会人となったのかどうかが、実際の仕事での働き方の自覚へと繋がっていくのです。

　初職で問題に直面した時に、ひと頑張りができるかどうかは、その初職を得るための就職活動の過程で、積極的で主体的な取り組み方ができたかどうかに関わっているといえます。

　このような就職活動を通しての人としての成長と自律こそが、その後のライフキャリア（職業選択と人生など）を左右するといっても過言ではありません。

2.　就職活動の意味

　教育機関での就職活動支援のための施設には、「進路指導室」「就職相談室」「キャリアセンター」などがあります。

　最近では、就職に際しての情報や資料が充実、整備されていて、就職ガイドブックのように、テキスト化されたツールを使って、自己分析から始まり、応募書類の書き方、資料請求、説明会への参加、応募先の決定、面接の受け方、卒業生の体験談と就職実績など、就職活動が順を追ってできるようになってきています。また、それぞれの段階でのキャリアカウンセリングも実施されています。

　しかし、このようなシステムが教育機関に準備されていなかった場合、学生時代にしっかりとした就職活動をしないで何となく就職した場合には、人生のどこかで必ずこの就職活動の内容と同じ体験をすることが必要となってきます。

　とくに女性は初職でそのまま定年まで勤めることが、結婚や出産などによって事実上難しいので、再就職活動でこのような就職活動の体験を改めてすることになります。

就職活動で確認しておきたいこと

　就職活動は実際のところ、積極的に自ら行動を起こさなければならない環境の中に、否応なしに投げ込まれるということを意味します。

　決まった尺度（＝学生時代は点数、評価など）があるわけではなく、総合力の勝負になります。自分に合った仕事（＝その時の自分自身が納得できる仕事）をどう探すかは、各自の行動力と柔軟性に係ってきます。

　最初から行動力や柔軟な考え方を備えている人は多くはいません。就職活動に一生懸命取り組む努力によって、人生初めての企業への応募体験などの繰り返しや目前の課題を克服する体験などを経て、行動力や柔軟性が獲得されていくと考えられています。

　就職活動では、まず過去の自分の経験の中から自分自身が納得できた事柄や楽しかったことなどを確認することから始めます。次に、仕事に向けての選択肢を幅広く設定できるよう関連情報を収集します。さらに、状況に合わせた目標設定ができるよう、客観的なフォローが可能になるように、各段階での行動に対しての振り返り（フィードバック）をすることが重要になります。

　就職活動では、経験を次に活かす実践、努力を続けることが必要とされます。採用は企業（相手方）とのマッチングなので、お互いにとって、その時点で必要とする要素が合致していれば採用に結び付くのです。

　社会状況は刻々と変化しています。変化の中にあるチャンス（その時点で企業が必要としている諸要素）を摑むための自分自身の判断材料をもち、それを使って積極的に行動することが就職活動では求められているといえます。

　経験の中から学ぶという実体験の最も良い最初のチャンスが、社会人になる準備としての就職活動なのです。

就職活動とキャリアカウンセリング

　就職活動は、一人ではなかなか前に進むことが難しく、キャリアカウンセリングが多く利用されています。

実際には、具体的な就職活動に入るための事前準備としても、キャリアカウンセリングは大きな意味をもちます。例えば、どれだけ自分で物事が決められるかの点検、日常生活への関わり方の再確認、状況認識の検討、分析というところから相談がスタートすることが多いのです。また、最初の段階での自己分析を通して、自分はどういう人間なのか？　好きなこと、興味関心のあること、頑張ったこと、得意なことなどの整理と確認をして、その時点での自己理解と状況確認をしてから就職活動を始める必要があります。そうすることによって、就職活動をより効率的に進めることが可能になります。

　自分自身と自分の置かれた環境とを広くとらえ直すことによって、認識の幅が広がり柔軟に物事をとらえ直すことが可能になると考えられるからです。

3. 事例を通して見る初職とキャリア形成

　就職相談でお会いした 2 人の方々の事例を紹介して、具体的にどのように初職から再就職へとキャリアが繋がっていったのかを見ていきます。[(1)]

Aさんの場合
── 初職がライフキャリアに繋がったケース

Aさん（30歳代）
子 2 人（小 1 女子、年少女子）
大学商学部卒業、商品学専攻

　大学での就職活動では製造業、総合職、商品企画などを希望していましたが、当時は男子学生のみが求人対象で、面接に進んでも女子学生であるために質問もされなかったという経験もしました。

　大手メーカー志望から、女性が活躍可能な規模の企業に方向を変えました。選択に際しては、生活に関わる製造関連企業で女性が管理職として活躍して

いるところを重視しました。

　最初に就いた職場は女性目線が必要なメーカーで女性の上司も多く、意見も言える環境で風通しの良さを感じた企業でした。

　正社員として16年間勤務しました。その間、販売職、店長、エリアマネージャー（営業）、マーチャンダイザー（商品企画）、店長（教育担当）、総務（人事・採用担当）、商品管理（CS担当）(2)など順調にキャリアを積んできました。

　子育てとの両立のため退職しましたが、ほどなく、前職の商品管理部門が通勤圏に移転となり、パートタイマーとして再雇用となりました。さらに総務部門の仕事（採用・教育）も兼ねて担当することになりました。

　再就職活動の間は、セミナー参加など有効に活用し、今後のキャリア形成に向けての関連情報を集めました。ポータブルスキル(3)となるような働き方も検討しました。

　再就職活動の中で、在職中の経験を振り返ってみて、妊娠、出産など4、5年ごとに転機はありましたが、途中で「辞めないで良かった」と実感しています。

　継続できたポイントはさまざまな職種を経験できたことと、多くの人々のパワーを結集して自分の力とすることができたことだと思っています。

　大学時代にはキャリアセンターを活用し、自己分析をしっかりしました。父親の影響もあり生活関連の製造業に興味関心があることを自覚しました。

　就職してからはポータブルスキルとなるような仕事への取組みを心がけて来ました。何よりも女性の意見が取り入れられ、女性目線が尊重される職場環境（社風）が大切であったと感じています。

　実際の就職活動では、女性の管理職が活躍している職場を選択することが重要だと思っています。

　また、義母の言葉が働く際の後押しとなりました。義母は正社員で働いていましたが子育てのため中断、その後、医療事務の資格を取りパートタイムで働いています。「中断の期間が悔やまれるので、しっかり継続して働くこと」

を勧められています。

B さんの場合
── 初職が社会との接点を広げる土台となったケース

B さん（30 歳代）
子 1 人（10 か月女子）認可外保育園待機（入園可能）、認可保育園も申
込み中（相談開始時）

都内の女子大学卒業後、地元県への U ターン就職で大手金融関連会社の
一般事務職として 3 年間勤務しました。

その後、在学中から約 5 年間続けてきた図書館（児童部門）関連のボラン
ティア活動の縁で、社会福祉法人（首都圏）へ転職し、約 6 年間勤務しました。
社会福祉法人の事務職勤務の傍ら、通信教育などで保育士資格を取得し、保
育士としても 3 年半経験を積みました。その後結婚のため退職しました。

大学時代の就職活動は上述のボランティア関連の職種が第一希望であり、
職種も求人も限定されていたため、十分に活動ができていなかったと感じて
います。秋採用で地元の金融関連大手企業に就職しましたが、研修制度も充
実していて事務職として働く中で、基本的なビジネススキルを身に付けられ
たと思っています。

転職の契機は以前より興味関心のあった「子どもと絵本」に関わる仕事に
就きたいという希望を強くもっていたことにあります。

ボランティア活動での知人の紹介で社会福祉法人事務職として転職をする
ことになりました。

興味関心のあることが仕事に直結することが難しい状況ではありました
が、社会人としての経験を積んだことで選択肢が広がり、希望する職種に近
い職場で働くチャンスを摑めることになりました。

再就職では当面、育児との両立を最優先に考えて、事務職パートタイマー

からスタートすることにしました。応募書類を作成し、事務職の求人に応募していましたが、この過程で、保育関連の子どもに関わる仕事に戻りたいとの意思を確認しました。

就職活動を始めて5か月後、保育園事務職パートタイマーに応募し保育園事務職に採用となりました。保育園事務職として6か月間勤務しましたが、保育士の仕事と育児との両立が可能であることを自覚し、保育士への転職を検討し始めました。次年度に自宅近くに保育園が新設されることを知り応募を決意し、応募書類等を準備し、説明会、面接に臨み採用決定となりました。前職を円満退職し保育職としての勤務を再開しました。

現実にある仕事の中でやりたい仕事、できる仕事、大切に思う仕事を把握していきました。保育士という仕事を通して、将来の仕事のビジョン（目標）をもつことができたと実感しています。

原点にあるのは、幼い頃に、母親がたくさんの絵本を読み聞かせしてくれたことと、大学時代に子どもの本に関わりをもっていた方々との出会いであったと確信しています。

4. 事例のまとめ

事例では、大学での就職活動の中で、希望する仕事に直結する機会を得た事例（Aさん）と直結する機会を得なかった事例（Bさん）を挙げました。

それぞれのケースに共通するのは、人生の早い時期に仕事や人生で譲れない大切なものは何か？という自分自身への問いかけに対する答えを見つけられていたことです。

Aさんは「生活に関連のある商品」に関わる仕事に就きたいという希望を初職で実現することができました。Bさんは「子どもと絵本」に関係した仕事を、ボランティア活動での人との出会いを通して実現へと結びつけていきました。

ひとは、「キャリアの進展につれて、はっきりした自己概念をはぐくんでいき」、「長期的仕事生活の拠り所として、キャリア・アンカーという自己イメージをもつ」と考えられています。「キャリア・アンカーは個人が仕事との接点（インターフェイス）で感じる3つの側面（能力・欲求・価値）を統合した自己イメージ」です（Schein 1990＝2003）。

　事例のように、女性にとって仕事をすることが困難な子育て期でも、育児との両立を模索しつつ、仕事という社会との接点を持ち続けられたのは、このキャリア・アンカー（仕事に係る自己イメージ）がその原動力のうちのひとつとなっていたと考えられます。

　また、仕事の中でチャンスを摑んできたという共通点があります。それは、自分が関わった仕事には全力で精一杯取り組んできたということです。目前の課題に全身全霊でぶつかっていった経験が彼女たちの底力を押しあげ、チャンスを引き寄せる力へとなっていったと考えられます（Krumboltz & Levin 2004＝2005）。

　そして、女性が働きやすい会社、環境、仕事を選択したことも大きな意味をもちました（経済産業省監修 2013）。

5.　社会との接点を持ち続けるために

　仕事という社会との接点を持ち続けることは、仕事の成果のみではなく、そこで出会うさまざまな人々や経験などを通して、人として大きく成長する機会を継続的に得られるという側面があるということを認識していたいものです。

　就職活動は自己成長のための最初の大きなチャンスです。身の回りの組織や施設を利用し、情報を収集し、何でも活用できるように視野を広くして、自ら行動を起こすことにより、より良いスタートを切ることができます。一歩踏み出すことによって、新たな展望が目の前に開けてゆきます。

注

(1) 事例については、本稿の作成にあたり、初職から再就職への体験をまとめることを快諾、ご協力いただきましたことを感謝いたします。

(2) CS（customer satisfaction）とは顧客満足のこと。顧客のニーズを充足することにより得られる顧客の満足。顧客へのサービス（製品）の個性化によって競争企業との差別化を図ろうとするもの（三省堂（2006）『大辞林　第三版』参照）。

(3) ポータブルスキル（portable skill）。「持ち運び可能なスキル」という意味で、どんな仕事や職場でも活用できるスキル（能力）。専門的知識と洞察力や判断力など仕事をする上での基本的スキル（能力）を指す（「人事労務用語辞典―Weblio ビジネス」（https://www.weblio.jp/cat/business/jnjrm）参照）。

参考文献

Schein, Edgar H.（1990）*Career Anchors: Discovering Your Real Values*, Revised Edition. Pfeiffer: Jossey-Bass.（= 金井壽宏訳（2003）『キャリア・アンカー―自分の本当の価値を発見しよう』白桃社）

Krumboltz, John D. and A. S. Levin（2004）*Luck Is No Accident*. Impacut Publishers.（= 花田光世・大木紀子・宮地夕紀子訳（2005）『その幸運は偶然ではないんです！』ダイヤモンド社）

経済産業省監修（2013）『ホワイト企業―女性が本当に安心して働ける会社』文藝春秋

My Work

1. 女性の職業選択と生き方について、あなたが現時点で考えることをメモしてみましょう。

　あなたの夢はなんですか。将来なりたい自分をイメージしてみましょう。そのために、いま当面の目標はどのようなことでしょうか。

　その課題を解決するには、どのような準備と資源が必要でしょうか。次の、Column 2 を参考に、あなたの夢とビジョンを描いてみましょう。

2. 身近なロールモデルとなる女性（母、伯母・叔母、アルバイト先の先輩、進路決定した 4 年生など）に、人生観や職業観について話を聞いてみましょう。5 年後の自分の理想の生き方について考えてみましょう。

夢とビジョンから始めよう！

小野 和子

　就職活動に迷うあなたへ：就職活動で大切なことは夢とビジョンを描ける自分自身を発見することです。自分に向き合い、自分の言葉で自分を表現し、伝えるという活動実践が、それを可能にします。

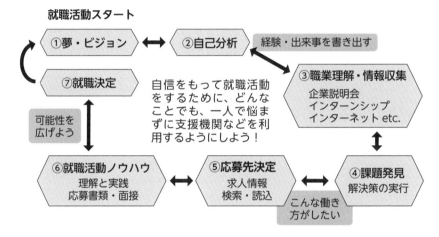

就職活動スタート

①夢・ビジョン ⟷ ②自己分析　経験・出来事を書き出す

⑦就職決定　　　自信をもって就職活動をするために、どんなことでも、一人で悩まずに支援機関などを利用するようにしよう！　　③職業理解・情報収集　企業説明会　インターンシップ　インターネット etc.

可能性を広げよう

⑥就職活動ノウハウ　理解と実践　応募書類・面接 ⟷ ⑤応募先決定　求人情報　検索・読込 ⟷ ④課題発見　解決策の実行

こんな働き方がしたい

②自己分析：経験・出来事を書き出そう

仕事イメージ
- **経験・出来事**
（学内／学外、サークル活動、アルバイト、ボランティア、地域、家庭生活その他）

働き方の希望
- **興味・関心のあること**
（得意なこと・仕事に活かしたいこと・やってみたいこと）

応募先の検討
- **当面の目標・課題と解決策　希望する仕事**

④課題発見・解決策の実行

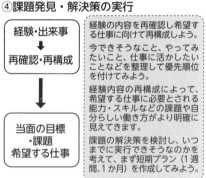

経験・出来事
↓
再確認・再構成
↓
当面の目標・課題　希望する仕事

経験の内容を再確認し希望する仕事に向けて再構成しよう。

今できそうなこと、やってみたいこと、仕事に活かしたいことなどを整理して優先順位を付けてみよう。

経験内容の再構成によって、希望する仕事に必要とされる能力・スキルなどの課題や自分らしい働き方がより明確に見えてきます。

課題の解決策を検討し、いつまでに実行できそうなのかを考えて、まず短期プラン（1週間、1か月）を作成してみよう。

＊当面の目標・課題・解決策や短期プランを考えるのは一人では難しいので、先輩・周りの人や支援施設などで相談してみよう。

⑤応募先決定

働くということは人生の中の大切な要素ですが、それ以外にもプライベートな生活があります。何にポイントを置くかによって、どのような働き方をしたいのかが決まってきます。

当面の仕事は、それを経験することによって、将来の目標や仕事へのステップとなり、繋がっていくのです。なりたい自分をイメージして働き方のプランを考えてみよう。

誰にでもなりたい自分や夢があります。それをどう実現していくのか将来のプラン（短期➡長期）を描きながら、その中で選択肢は沢山あるのだということを見つけてみよう。

こんな働き方がしたい

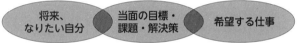

なりたい自分をイメージして「自分らしい働き方」を考えてみよう！

自分らしい働き方

＊求人情報検索・読込➡応募先企業情報収集、職務内容理解
＊希望する仕事とのすり合わせ➡応募先職務の意味・働き方・立場の理解
＊当面の目標・課題➡優先順位・解決策・実行プラン検討

⑥就職活動実践：可能性を広げよう

仕事ビジョン ➡ 将来の夢

将来の仕事を探し出すヒントは自分自身の経験の中にあります。

経験から学び、新しいヒントを得て、自分らしい働き方（仕事ビジョン）に向かっての方向性が見えたら、就職活動への一歩を踏み出そう。

できるだけ広く自分自身をとらえ直し、自信をもって仕事に向かっての行動を起こそう。

働き方次第で将来への展望をもつこともできるし、自分の希望する目標や仕事をより実現可能なかたちで摑むこともできます。

4 世の中の変化に敏感になる
——社会経済環境の変化

宮城大学 **高橋 修**

1. 変化の激しい時代とキャリア自律

　1989年、日本では昭和が終わり平成に改元されました。また、ベルリンの壁が崩壊して東西冷戦が終結したり、世界初の商用インターネット接続サービスが開始されたりと、この年には世界でも大きな出来事がありました。それから30年の時を経た2019年、日本は令和という新しい時代を迎えました。ふり返ってみると、この30年間で社会経済環境は大きく変化しました。

　昭和の時代は、第二次世界大戦後の復興を経て、高度経済成長を遂げた時代でした。なかでも、自動車産業や電機産業が海外での業績を伸ばした1980年代は日本経済の黄金期であり、諸外国からは「ジャパン・アズ・ナンバーワン」と称されました。この時代の人事管理は終身雇用や年功序列型賃金が一般的であり、労働者は、就職した企業や団体の敷いたレールに身を任せることで、定年まで大過なく過ごすことができました。つまり、「どのように生きるか」や「どのように働くか」などと、自分のキャリアについてそれほど真剣に考えなくても良い時代でした。

　しかし、その後の平成から令和の現在に至るまで、後述するようにグローバル化やデジタル化が進展し、サステナビリティへの要請が高まるなど、社会経済環境の変化が激しく、将来の予測がつきにくい不透明な時代となっています。このような時代状況は「VUCAの時代」とも呼ばれています。VUCA（ブーカ）とは、Volatility（変動性）、Uncertainty（不確実性）、Complexity（複雑性）、Ambiguity（曖昧性）という4つのキーワードの頭文字から取った言葉で、現代の混沌とした社会経済環境を指し示しています。

　このような変化の激しい時代に生きる私たちには、キャリア自律が求められています。つまり、自分のキャリアを他人任せにするのではなく、自分の人生全体や職業の方向性を思い描き、それを少しずつ具体化していくことが

大切です。

2. グローバル化の進展

　グローバル化とは、「情報通信・交通手段等の飛躍的な技術革新を背景として、政治・経済・社会等、あらゆる分野で『ヒト』『モノ』『カネ』『情報』が国境を越えて高速移動し、金融や物流の市場のみならず、人口・環境・エネルギー・公衆衛生等の諸課題への対応に至るまで、全地球的規模でとらえることが不可欠になった時代状況」（グローバル人材育成推進会議 2012）を意味します。

　一例を挙げましょう。2008 年、アメリカの投資銀行が経営破綻したことに端を発して、連鎖的に世界規模の金融危機が発生しました。この「リーマンショック」と呼ばれる金融危機は、日本の経済や雇用情勢にも大きな影響を及ぼしました。業績の悪化した企業が「派遣切り」を行った結果、解雇され生活基盤を失った派遣社員が数多く生じました。そして、彼ら・彼女らを支援するために、東京の日比谷公園に「年越し派遣村」が設置されたことが大きなニュースになりました。これは、カネを中心とした経済活動がグローバル化していることを示す典型例といえます。

　また、2019 年に中国で発生したとされる新型コロナウイルス感染症（COVID-19）は、瞬く間に全世界へと拡大しました。そして、感染拡大を防止するために、日本でも緊急事態宣言が発令され、商業施設、飲食店の臨時休業や営業時間の短縮、在宅勤務やオンラインでの授業などを強いられました。これは、国境を越えてヒトが高速かつ大量に移動していることの結果といえるでしょう。

　このようにグローバル化が進展した時代に、あなたはどのような生き方、働き方をしようと考えますか。例えば、キャビンアテンダントとして世界中を飛び回りたいという人もいるかもしれません。あるいは、地方公務員とし

て地域社会の課題解決に貢献したいと考える人もいるでしょう。このことに関連して、"Think globally, act locally." という言葉があります。これは「地球規模の視野で考え、地域に根差して行動しよう」という意味のフレーズです。つまり、グローバル化した時代に生きる私たちは、国際社会で活躍するにせよ、自分が居住する地域で生きるにせよ、グローバルかつローカルな視点を持つことが求められます。これを端的に Glocal（グローカル）と言うこともあります。Glocal とは、Global（グローバル）と Local（ローカル）とを合わせた造語です。

3. デジタル化の進展

　先述のとおり、1989 年に商用インターネット接続サービスが開始されました。また、1995 年には Windows95 が世界各国で発売され、日本でも一大ブームとなりました。この頃からデジタル化が急速に進展したといえるでしょう。

　デジタル化とは、ICT（情報通信技術）の進歩を背景として、アナログ形式の情報をデジタル形式に変換して活用することです。例えば、郵便による 1 対 1 の手紙や葉書きのやりとりをデジタル化したものが電子メールです。電子メールはデジタル形式のデータなので、複数の相手に同時に発信したり、受信したメールを第三者に転送したりすることができます。また、ホームページやネットショップはデジタル化の産物です。それぞれ、「会社概要」「大学案内」などのパンフレットや実際の店舗など、元となった実体が存在します。

　21 世紀に入ると SNS（ソーシャル・ネットワーキング・サービス）が広く普及します。SNS とは、インターネットのネットワークを通じて、人と人をつなぎコミュニケーションが図れるように設計された会員制サービスを意味します。2003 年頃アメリカを中心に相次いで誕生し、日本でも 2004 年頃から普及し始めました。Facebook（フェイスブック）、Twitter（ツイッ

ター）、Instagram（インスタグラム）、LinkedIn（リンクトイン）などが代表的な SNS です。日本では mixi（ミクシィ）や GREE（グリー）などが嚆矢となりました。皆さんもいずれかの SNS を利用したことがあるのではないでしょうか。

また記憶に新しいところでは、従来から教室で行われてきた大学の講義が、新型コロナウイルス感染拡大防止の観点からオンライン化されました。資料配付型、オンデマンド型、リアルタイム型などの方式がありますが、いずれもデジタル形式のデータに変換することでオンライン授業が実現可能となりました。

さらに最近では、デジタル化をさらに進めた DX（デジタルトランスフォーメーション）を推進しようとする動きがみられます。DX とは、「企業がビジネス環境の激しい変化に対応し、データとデジタル技術を活用して、顧客や社会のニーズを基に、製品やサービス、ビジネスモデルを変革するとともに、業務そのものや、組織、プロセス、企業文化・風土を変革し、競争上の優位性を確立すること」（経済産業省 2019）と定義されています。

このようなデジタル化が進展した社会で生きていくうえでは、パソコンやスマートフォンの操作方法、電子メールの送受信、SNS の利用方法など ICT を活用するためのスキルを習得することが必要です。しかし、それだけではありません。プライバシーの保護、著作権に代表される知的財産権の保護、情報セキュリティー対策などに関する正しい知識や、インターネット上に流布する情報の真偽を見極める力などを身に付けることが不可欠となります。

4. サステナビリティへの要請

皆さんは、サステナビリティ（sustainability）という言葉を聞いたことがあるでしょうか。直訳すれば「持続可能性」となります。環境・社会・経済

などが将来にわたって適切に維持・保全され、発展できることを意味します。

　ここで私たちの日常生活について考えてみましょう。例えば、夏の猛暑に代表される異常気象や地球温暖化などの気候変動が問題視されています。東日本大震災や熊本地震のような地震の発生に加えて、毎年のように発生するゲリラ豪雨や大規模な森林火災など自然災害の多さが気になります。また、光化学スモッグや酸性雨などの大気汚染、海洋や地下水などの水質汚染も進んでいます。海洋プラスチックごみ、産業廃棄物、放射性廃棄物などのごみ・廃棄物問題も見過ごすことができません。さらには、COVID-19 に象徴される感染症の世界的な流行（パンデミック）が、私たちの社会生活や経済活動のあり方に見直しを迫っています。このように世界規模で起こっている諸問題に対して適切かつ迅速に対処していかなければ、地球は滅亡してしまいかねません。したがって、現代はサステナビリティが強く求められている時代といえるでしょう。

　こうした状況下、2015 年に国連総会で「SDGs（エス・ディー・ジーズ）」が採択されました。SDGs とは、Sustainable Development Goals という英文の頭文字を取った略称で、「持続可能な開発目標」と訳します（村上・渡辺 2019）。以下のような 17 の目標から構成され、2030 年までに持続可能でよりよい世界を目指す国際目標です。ここでは、地球上の誰一人取り残さないことを誓っています。

　①貧困をなくそう、②飢餓をゼロに、③全ての人に健康と福祉を、④質の高い教育をみんなに、⑤ジェンダー平等を実現しよう、⑥安全な水とトイレを世界中に、⑦エネルギーをみんなにそしてクリーンに、⑧働きがいも経済成長も、⑨産業と技術革新の基盤をつくろう、　⑩人や国の不平等をなくそう、⑪住み続けられるまちづくりを、⑫つくる責任つかう責任、⑬気候変動に具体的な対策を、⑭海の豊かさを守ろう、⑮陸の豊かさを守ろう、⑯平和と公正をすべての人に、　⑰パートナーシップで目標を達成しよう

この SDGs が採択されて以降、政府や自治体、企業、非営利団体や大学などで、SDGs に関するさまざまな取り組みが展開されています。

　また、SDGs と同じように企業経営者や投資家が関心を持つキーワードとして、「ESG（イー・エス・ジー）」があります。ESG とは、環境（environment）、社会（social）、企業統治（governance）に配慮したビジネスを行ったり、投資の意思決定を行ったりすることを意味します。もともとは 2006 年に、投資家や金融機関向けへの期待として国連から発せられたものです。世界の環境や社会的課題解決のために、民間のお金の力をもっと活用しようと作り出された言葉です。具体的には、投資家や金融機関が ESG の視点を持って投融資を行うことで、環境や社会にとってより良い企業や事業を伸ばし、悪いものを減らす方向に株式市場や金融市場をシフトさせようということです。環境や社会に与える悪影響が大きい企業には、資金が集まらなくなるわけです（村上・渡辺 2019）。2006 年に ESG ができ、その 9 年後に SDGs ができました。ですから、ESG に配慮した行動を取っていくことの目標として、SDGs を位置づけることができるでしょう。

　ここまで述べてきた SDGs や ESG は、政府や自治体、企業、非営利団体や大学などの組織だけが取り組めばよいというものではありません。私たち一人ひとりが、地球市民の一人として身近でできることから取り組んでいきたいものです。

参考文献

グローバル人材育成推進会議（2012）「グローバル人材育成戦略（グローバル人材育成推進会議 審議まとめ）」
経済産業省（2019）「DX 推進指標（サマリー）」
村上芽・渡辺珠子（2019）『SDGs 入門』日本経済新聞社

キャリアデザインの必要性と進め方 ── 私のキャリアデザイン ──

高橋 修

4.「世の中の変化に敏感になる」でも述べたとおり、現代は社会経済環境の変化が激しく、将来の予測がつきにくい時代です。このような時代だからこそ、自分のキャリアを他人任せにするのではなく、自分が進むべき将来の方向性やビジョンを思い描くこと、つまりキャリアデザインが必要なのです。

それでは、キャリアデザインはどのように進めればよいのでしょうか。唯一絶対の方法があるわけではありませんが、ここでは**図**に沿って説明しましょう。

Step0 では、大学という新たな環境への適応方法、有意義な学生生活の過ごし方などについて理解を深めます。そのうえで、将来にわたる自分のライフプランを展望しながら、学生生活での当面の目標を設定します。

Step1 では、自己理解を深めるために、自分のパーソナリティ（性格）、長所・短所、強み・弱みを把握します。また、能力、職業興味、価値観についても考えます。

Step2 では、近年の社会経済動向に関する理解を深めます。そのうえで、興味のある産業・業界を中心に業界動向や職種の特徴を把握します。

Step3 では、適職の探索を行います。まずは人生全体（ライフキャリア）を展望するようにします。具体的には、①就職や職業人生、②結婚や家庭生活、③趣味や自己啓発などに分けて、5 〜 10 年後の「なりたい自分」を思い描きます。その後に、「やりたい仕事」を探索します。

Step4 では、「やりたい仕事」に就くために「やるべきこと」として、自分のキャリアに関する目標を設定します。そして、その目標の達成に向けて日々の学生生活を有意義に過ごすことが大切です。

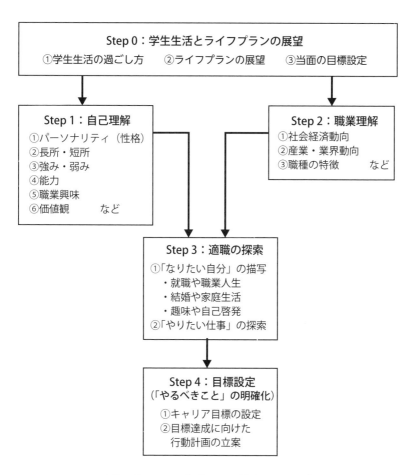

図　キャリアデザインの基本ステップ

（出所）高橋修ほか（2020）『大学生のための実践的キャリア＆就活講座』
　　　　中央経済社、p.6 より作成

5 データで読み解く女性の進路選択
——宮城学院女子大学の事例から

宮城学院女子大学　**木野和代**

1. 女子大学は就職に強い

　2016年11月8日の東洋経済オンラインに、『就職率で見る「本当に強い女子大」ランキング—実は女子大の実就職率は全体平均より"高い"—』⁽¹⁾という記事が掲載されました。大学通信が行った調査では、2015年度卒業生の平均実就職率が86.3%であるのに対して、女子大学だけで集計した場合には88.9%と、女子大学卒業者の実就職率は他の総合大学などと比較して高い、ということが報じられています。そして、実就職率において女子大学が優勢であるのは、この年に限らず毎年みられる傾向だというのです。

　2020年の記事で、2019年度卒業生の状況をみると、女子大学の平均実就職率は91.4%で、すべての女子大学生の平均実就職率（89.3%）を上回っています。女子大学の就職支援力の高さがこのような結果に結びついているとされています（東洋経済オンライン 2020a）。宮城学院女子大学（以下、MGU）はどうかというと、2019年度卒業生の実就職率は90.8%で（東洋経済オンライン 2020b）、すべての女子大学生の平均よりも高めの水準といえます。

2. 宮城学院女子大学卒業生の就職率

　MGU卒業生の進路状況をもう少し詳しくみてみましょう。**図5.1**に、過去20年間、すなわち、2000年度から2019年度のMGU卒業生の就職率（就職者数÷就職希望者数×100）を示します。国内の全体的な動向をとらえるために、大学生の就職率（文部科学省 2020a；標本調査）と卒業者に占める就職者の割合（文部科学省 2020b；全数調査）を併記しました。直近5年を除いてMGU卒業生の就職率は、全国の女子大学生の就職率よりも低い⁽³⁾のですが、グラフの形状はほぼ同様であることがみてとれます。

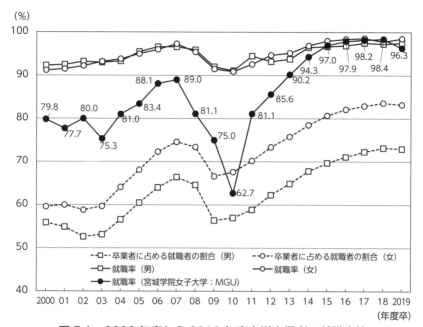

図 5.1　2000 年度から 2019 年度大学卒業者の就職率等

（出所）MGU の就職率は「就職関係諸統計表」等、男女大学生の就職率は文部科学省（2020a）、卒業者に占める就職者の割合は文部科学省（2020b）より作成

　社会・経済状況の変化は、人々の暮らしや働き方に影響を与えます。ここでは、**図 5.1** に示した 2000 年よりももう少し遡って、男女雇用機会均等法が制定された 1985 年頃からの MGU 卒業生の進路状況を、日本経済の状況や女性を取り巻く社会環境と照らし合わせながらみてみましょう。
　1985 年のプラザ合意後、日本経済は円高不況に見舞われましたが、その後内需振興策がとられ、1986 年末には回復期に入り、以降右肩上がりの経済成長が続きます。バブル経済とよばれた好景気の時期です。この好景気の追い風を受けて、女性の雇用状況は好転しました。MGU 卒業生の就職率も右肩上がりで上昇し、ピーク時は 97％を超えるほどに達しました。

ただ、この時に制定された均等法は、雇用における性差別をなくすうえで必ずしも実効性のあるものではなかったようです。青島（2007）によると、均等法制定以前の日本の企業における人事管理は、男女別立てが基本でした。男性社員は家族を扶養することを前提とした賃金が支払われる一方、女性本来の役割は家事育児などであるという考えから、女性社員は低賃金で、長期勤務が期待されませんでした。これが均等法制定により、コース別雇用管理となりました。コース別雇用管理とは、職務を大きく「総合職」と「一般職」に分け、募集・採用・昇進・賃金などすべての処遇をコース別に行うものです。均等法導入前後の80年代、女性総合職は珍しく、大半の女性は一般職として就職していました。つまり実質的には性別によるコース分けとして機能していたのです。このように差別が残る制度ではありましたが、当時、大手企業の一般職は女子大学生にとても人気のある職業でした。職場でより好ましい配偶者を見つけて、いわゆる「寿退職」というライフコースにあこがれた女性も少なくなかったのではないでしょうか。

　1990年代初頭、バブル経済の崩壊により、就職氷河期が訪れます。この時期、女性の雇用状況は厳しいものに転じました。このような状況のなか、上述のような均等法の問題も見えてくるようになり、均等法改正への動きが高まりました（青島 2007）。こうして1997年には第一次改正男女雇用機会均等法[(6)]が制定され、1999年に施行されます。このとき、同時に労働基準法および育児・介護休業法の改正も行われ、仕事と家庭や育児の両立は男女が協力するべきものということが明確にされました（青島 2007）。この時期の、全国の大学生の就職率について男女差をみると、卒業者に占める就職者の割合は、1999年度卒業生から、女性が男性を上回るようになりました（文部科学省 2020b）。また、就職希望者を分母とする就職率についても、それ以前は男性のほうが高水準でしたが、男女差が縮小してほぼ同様の値となりました（文部科学省 2020a）。これらのデータから、女子大学生の雇用状況の変化がわかります。

MGU のデータをみてみると、2001 年度から就職希望者率が上昇傾向に転じます。また、2002 年から景気拡大期に入ると、就職率も次第に上昇していきました（**図 5.1**）。その後、2008 年のリーマンショック以降の景気悪化に伴い、就職率は再び低下しましたが、2010 年度を底に年々回復し、直近の 5 年間は 95％を超えました。この時期は、就職希望者率も高水準を維持しており、MGU の学生たちの卒業後の進路希望の変化が読みとれます。また、後述するような MGU でのキャリア支援の充実化が、学生たちの希望を叶えることに貢献しているのではないかと考えられます。

　なお、2010 年度卒業生の就職率が著しく低いのは、2011 年 3 月 11 日の東日本大震災の影響によります。震災のため、3 月 19 日に予定されていた卒業式もできない状況でした。

3.　宮城学院女子大学の学生が描く理想のキャリア

　雇用場面での性差別をなくすように法改正が進められてきましたが、女性の生き方には、結婚・出産・子育てといったライフイベントが密接にかかわっており、女性のキャリアパターンは、男性に比べて細分化しているのが現状です。MGU の学生たちはどのようなキャリアパターンを理想と考えているのでしょうか。また、仕事にどのような価値を求めているのでしょうか。

　10 年ほど前のデータになりますが、2010 年秋に MGU で実施された母と娘のペアデータの調査結果を紹介します。⁽⁷⁾これはキャリアパターンと仕事に求める価値について、学生とその母親世代を比較したものです。回答者は MGU の学生（主に 3・4 年生）100 名とその母親 92 名で、92 組の母娘ペアデータが得られました。

　まず、キャリアパターンに関する結果をみてみましょう。学生が理想とするキャリアパターンは、100 名中、「継続型（結婚・出産後も仕事を継続）」37 名、「復帰型（結婚・出産後一時離職するが時期をみて復帰）」41 名、「退職

型（結婚・出産後は退職）」17名、「その他」5名で、継続型と復帰型を合わせると約80％が人生の中でできる限り就業することを望んでいることがわかります。また、興味深いことに、この理想のキャリアパターンは、母親が実際に歩んできたキャリアパターンと一致する場合が多く、母親の姿が身近なロール・モデルとなっているようでした。

　次に、働くことの価値に関する結果をみてみましょう。働くことの価値は「上昇志向」「社会貢献」「労働環境」の3つの側面から測定されました。「上昇志向」とは、仕事でよりよい成績をあげたり、より高い役職へとキャリアアップすることを望む傾向です。「社会貢献」は仕事を通じて社会的に役に立つことを望む傾向です。「労働環境」は、企業の労働環境・条件を重視する傾向です。学生には就職活動に際してこれらをどの程度重視するか現在の考えを、学生の母親には自身が就職活動をしていた当時を振り返って答えてもらいました。その結果、すべての側面において、学生のほうが強く望んでいることがわかりました。また、学生の回答傾向とその母親の回答傾向には関連が見られませんでした。つまり、学生たちは母親世代よりも、社会に出て活躍・貢献することを重要と考えていますが、それは必ずしも母親の考えに影響されてというわけではないようなのです。2010年当時、調査協力していただいた母親の皆さんは、平均年齢が約50歳（年齢幅は43歳から63歳）でしたから、均等法制定前後の時代に就職活動に臨んだと考えられます。昔を思い出しての回答ですので、記憶が薄らいでいる可能性もありますが、母娘の間で、女性の就業に関する意識が変化してきているといえるのではないでしょうか。そこには、社会・経済状況の変化が大きくかかわっていると考えられます。

　労働力人口が減少する中で、経済成長のためには人材の有効活用は必須であり、女性の活躍推進が大きく期待されています。そんな現代社会に生きる女子大学生の皆さんの職業観・就業意識はどのようなものでしょうか？　章末のMy Workを通して、自分自身が大切にしたいことについて考えてみ

ましょう。

4.　宮城学院女子大学における卒業後の進路決定支援（キャリア支援）の歩み

　宮城学院は、2021 年 9 月で創立 135 周年、前身の宮城女学校設立以来（1886 年）、女性の自立と社会進出を推し進めることをミッションの一つに掲げてきました。大学の設置は 1949 年で、戦後の女子高等教育をリードする女子大学の一つです。4 年制大学は学芸学部「英文学科」「音楽科」の 1 学部 2 学科でスタートし、翌年短期大学を設置（1950 年）しました。その後、学科の新設、改組等を経て、2000 年度末に短大を廃止し、2016 年 4 月には現代ビジネス学部、生活科学部、教育学部、学芸学部の 4 学部体制で新たなスタートを切りました。こうした学部学科体制の変更は、社会のニーズにこたえるものといえましょう。

　卒業後の進路支援体制についても、社会状況や学生の意見等を考慮しながら改善がなされてきました。2004 年度には、全学で統一的に 3 年次の月曜 5 時限目を就職アワーとし、「就職ガイダンス」を実施するようになりました。各学科に担当教員をおき、担当部署との連携をとりながら、学生の皆さんの進路決定を支援していく仕組みが強化され、2016 年度には、キャリア支援センター（現・キャリア支援課）が設置されました。この間、スタッフの増員や、学生が利用しやすい支援センターづくりにも力を入れてきました。

　また、2010 年度には、宮城学院リエゾン・アクション・センター（MG-LAC：通称エム・ジー・ラック）の設置が、文部科学省「大学生の就業力育成支援事業」の支援を受けて実現しました。MG-LAC では、社会に出て活躍するための多方面にわたる能力（いわゆる「社会人基礎力」）を、課題解決型学習を通して伸ばしていけるような自主的・実践的な学び、社会貢献の場を学生の皆さんに提供しています。2016 年度に社会連携センターが設置された際

に、MG-LAC はその下位組織として位置づけられ、社会とのつながりを意識した活動がいっそう幅広く展開されるようになりました。このような東日本大震災前からの MGU の学生たちの自主活動の取り組みは、震災時、またその後にも引き継がれ、学外からも高く評価されています。

さらに、正規の教育課程でも広い意味でのキャリア支援が取り入れられています。必修科目「キャリアデザイン」は 2015 年度入学生から導入された全学生に対する基礎教育「MGU スタンダード」の中に位置づけられた新しい科目で、就職支援にとどまらず、学生一人ひとりが女性としての生き方をトータルに考え、自らデザインしていくための科目です。近年では、共学の大学でも女子大学生のためのキャリア支援を別途行うところが増えてきましたが、MGU では女子大学である強みを活かして、女性学的視点からの全学必修科目として「女性と人権」を開講するなど、教育内容も時代にあわせて強化充実させています。また、総合大学の利点を活かして、2018 年度入学生からは副専攻制度が導入され、所属学科での学びにプラスして他学部他学科で提供される科目群を学ぶことで、自らの可能性を広げることができるようになりました。

女性の活躍がますます期待されるなか、卒業生向けの支援の充実も女子大学の使命の一つとなるでしょう。一例として、MGU 大学院健康栄養学研究科では、文部科学省「職業実践力育成プログラム（BP)」の認定を受けた「臨床栄養分野の管理栄養士のための高度専門力育成プログラム」を 2017 年度より開設し、専門職としてのスキルアップを支援しています。2021 年 1 月 11 日の日経新聞社説では、コロナ禍の副産物として情報共有のオンライン化が進んだことをとりあげ、これを活用した「リスキリング（再教育)」の推進が提案されています。社会のニーズを踏まえて MGU が提供できる専門知識を精査し、働きながらスキルアップを目指して学びたい女性たちを対象に、時間と場所を越えた学びの場を提供することが、今後検討すべき新たな支援といえるかもしれません。

5.　おわりに：未来を生きる学生たちへ

　大学卒業後の進路というと、就職が一番に思い浮かぶかもしれませんし、周りにもそういう人がたくさんいるのではないかと思います。しかし、「就職」でなくてはならないということは、決してありません。過去の卒業生の進路をみてみると、就職以外にも多様な進路があります。さらに学びを深めたい、資格取得やスキルアップをしたいなどと考え大学院や専門学校に進学する人、家庭の都合や本人の希望で家事手伝いを選択する人もいます。その他にも、アルバイトやパートタイム労働で収入を得るなどしながら、将来の進学に備える人、公務員試験に再チャレンジする人、カフェ経営や声優などの夢に向かって経験を積む人もいます。皆さん自身が、大学卒業後の長い人生の歩み方を展望し、自分自身が納得いく進路を決めていけばよいのです。

　皆さんの多くは、これまで小学校、中学校、高等学校、そして大学というように「学校」という組織に所属して、家族以外の他者とのかかわりをもってきました。アメリカの心理学者・マズローの欲求階層説によれば、何らかの集団に所属するということは、人間の自己実現の基礎になる重要な欲求の一つを満たすことを意味します（Maslow 1970=1987）。大学生の皆さんにとって大学は主たる所属集団ですが、大学を卒業すると同時にそうではなくなります。卒業後の進路を考えるということは、新たな「所属」先を考えるということでもあります。新たな所属先は、就職先であったり、進学先であったり、家庭であったりと、個人によって異なるでしょうが、所属の欲求が満たされることによって、自己実現に向かう準備が一つ整うのです。大学生の皆さんが卒業後に新たな所属先を得て、自己実現を目指して生き生きとした人生を歩んでいかれることを心から願っています。

注

(1) 「実就職率」は、「就職者数÷（卒業者数−大学院進学者数）× 100」の計
算式による。就職率に関するさまざまな数字を見るとき、分母が何かに注意
が必要である。「就職率」は、分母が「就職希望者数」となり、実就職率より
も高い数字となることが一般的である。また、「卒業者に占める就職者の割合」
は、分母が「卒業者数」となる。実就職率とは異なり、大学院進学者数が分
母に含まれ、大学院進学者が多いとこの数字は低くなる傾向がある。

(2) MGU 卒業生の進路状況は、1986 年度〜 1988 年度は MGU「事業報告書」、
1989 年度〜 2012 年度は MGU「就職関係諸統計表」、2013 年度〜 2019
年度は文部科学省「学校基本調査」に対する回答資料を参照した。

(3) 地方別に就職率をみると首都圏のほうが高い傾向にあることと、MGU の
本格的なキャリア支援体制が整う前であったことが理由として考えられる。

(4) 正式名称は「雇用の分野における男女の均等な機会及び待遇の確保等女子
労働者の福祉の増進に関する法律」である。

(5) その一方で、この時期は、家庭という進路選択をする人の割合が他の時期
よりもやや高めに推移しているのが特徴的であった。

(6) 正式名称は「雇用の分野における男女の均等な機会及び待遇の確保等に関
する法律」である。

(7) 佐々木彩香（2011）「仕事に対する価値観とキャリアパターンとの関連―
女子大学生とその母親との比較―」『心理行動科学科研究報告（宮城学院女子
大学）』1：76-85.

(8) 文部科学省は 2000 年に、大学における学生生活の充実化の方策について、
キャリア教育の充実や就職指導体制の充実などを提言した。

(9) MGU 学生部委員会（2003 年度）による「宮城学院女子大学の就職支援
体制改善に向けての学生部委員会提案（中間報告書）」を参照した。

引用文献

青島祐子（2007）『新版 女性のキャリアデザイン―働き方・生き方の選択―』
学文社

東洋経済オンライン（2016）「就職率で見る「本当に強い女子大」ランキング
井沢秀（大学通信 情報調査・編集部チーフ）」http://toyokeizai.net/arti-

cles/-/143770（2017年1月5日最終閲覧）

東洋経済オンライン（2020a）「最新！「本当に就職に強い大学」ランキング150　井沢秀（大学通信 情報調査部部長）」https://toyokeizai.net/articles/-/371696（2021年1月15日最終閲覧）

東洋経済オンライン（2020b）「最新！「本当に就職に強い女子大学」ランキング　井沢秀（大学通信 情報調査部部長）」https://toyokeizai.net/articles/-/383840（2021年1月15日最終閲覧）

日本経済新聞（2021）「オンラインで人材力を高めよう」1月11日、12版、2面

Maslow, A. H.（1970）*Motivation and personality*（*2nd ed.*）. New York: Harper & Row.（＝小口忠彦訳（1987）『改訂新版　人間性の心理学』産業能率大学出版部）

文部科学省（2000）「大学における学生生活の充実方策について（報告）―学生の立場に立った大学づくりを目指して―」https://www.mext.go.jp/b_menu/shingi/chousa/koutou/012/toushin/000601.htm（2021年1月8日最終閲覧）

文部科学省（2020a）「令和元年度大学等卒業者の就職状況調査（4月1日現在）」https://www.mext.go.jp/b_menu/houdou/2020/1416816_00001.htm（2021年1月14日最終閲覧）

文部科学省（2020b）「学校基本調査―年次統計―　卒業者に占める就職者の割合（昭和25年～）」政府統計の総合窓口（e-Stat）https://www.e-stat.go.jp/　より（2021年1月13日最終閲覧）

1.　身近なロールモデルとなる方々の人生観や職業観について話を聞き、また、右ページの「学生の声」を参考に「わたしのキャリアデザイン」について考えてみましょう。

2.　大学生の就職率に関する最新データをみてみましょう。また、卒業者に占める就職者の割合の男女差について、さらに詳しく調べてみましょう。これらのデータについてあなたはどのように考えますか。

3.　マズローの欲求階層説について調べ、自分にあてはめて考えてみましょう。

●**学生の声**●

　「キャリアを創る」とはどういうことか。宮城学院女子大学（以下 MGU）ではすべての学生がキャリア科目を学んでいます。自らの将来設計を主体的に考え、セミナーや特別講義でロールモデルとなる人生の先輩女性たちの生き方、学び方、働き方を聞く機会を活かして、キャリアを創るヒントを得ています。学生のコメントを紹介します。　　　　　　〔まとめ・天童睦子〕

「わたしらしくキャリアを創る」（抜粋）

　講義を受けるまでは、キャリアデザインと聞いても、具体的にそれがどのようなものなのかわからず、講義やセミナーに参加した。講義の中では「女性と人権」（1 年次の講義）で触れたような女性の社会的立場の置かれ方や、社会の仕組み、女性はその中でどのような変遷を経てきたのかを知ることができた。ゲストの講演を聞く「キャリア・アップ・セミナー」（ビジネス界、教員、保育士、自治体、NPO で活躍する女性を招く講座）ではさまざまな経歴や職業の女性の考え方や生き方など、その人ならではの生のお話を聞くことができ、日常生活ではあまり得ることのできない貴重で刺激的な機会を与えられた。

　それらの講義やセミナーの回を重ねるごとに、これまではあまり考えてこなかった、わたし自身の就職活動などの近い将来、これからの自分がどのようになりたいか、どのような生き方をしたいかというような今後のキャリアについて考える時間が増えていった。

　今後のキャリアを漠然と考えてはいたものの、具体的計画や目標はなく大学卒業後は就職するということだけしか頭にはなかった。そんなところにキャリア・アップ・セミナーで、進学後の選択は一つだけではないのだということを知った。一般企業に就職することのみを想像していたわたしにとっては大きな気づきであった。セミナーでの講師の方々は、自身の興味関心のあることや、さらなるキャリアアップを目指す姿勢で行動しているようであった。そのお話や仕事に対する姿を見て、自身がこれからどのような風に過ごしていきたいかを改めて考える必要があると感じた。(生活科学部　3 年)

‑ Column 4 ‑

女子大学におけるキャリア教育

京都光華女子大学女性キャリア開発研究センター　**加藤 千恵・三宅 麻未**

女子大学の誕生

　2021 年現在、日本には「女子大学」が 76 校あります。共学の大学のほうが圧倒的に多いのですが、「男子だけの大学」がないのに「女子だけの大学」があることから、女性は優遇されていると勘違いをしている人もいるようです。女性が「大学」に入学できるようになったのは第二次世界大戦が終わってからのことです。女性が勉学に励むことが期待されない時代が長く続いたため、それまでの「大学」は男性のための高等教育機関でした。しかし終戦後、米国の指導により「大学」は女性も入学できる共学校に変わりました。また、1948 年には私立の女子大学が 5 校、1949 年には国立の女子大学が 2 校、私立の女子大学が 17 校誕生し、女性の高等教育機関が増えていきます（宮城学院女子大学もそのときに開設されました）。女子大学の数が最も多くなったのは 1998 年の 98 校で、その後時代の変化とともに現在の校数に減少しました。

キャリア教育と向き合う女子大学

　ご存知のように日本は性役割分業意識が根強く残っている社会です。女子大学もその影響を受け、良妻賢母教育や教養を身につける教育、女性向きといわれる職業や専門職への教育が広く行われてきました。しかし、男女雇用機会均等法、男女共同参画社会基本法、育児・介護休業法、そして女性活躍推進法などの法律が整備され、女性の生き方・働き方・価値観も徐々に変化します。卒業してお勤めして良縁を得て寿退社・出産・子育てという人生設計を、経済力やライフプランニング力の育成へ方向転換する必要があるのではないかと気づいた女子大学は、21 世紀を生きる女性たちのためのキャリア教育を構築してきました。女子大学で学ぶ学生なら、これを活用しない手はありませんね。

　もともと女子大学は共学大学に比べて女性教員の割合が高いうえ、卒業生も女性ですから、女子学生のロールモデルをたくさん見つけることができます。

共学大学のキャリア教育が女子学生に特化しづらいのに比べ、女子大学のキャリア教育は必然的に女性の人生を考えるプログラムになります。近年女子大学が、女性のキャリアやワークライフバランス、ジェンダー平等を扱う研究所やセンターを設置しているのもこの流れであり、女子大学の新たな強みになりつつあります。

　たとえば京都光華女子大学では、多様化する女性の働き方やキャリア形成について研究する機関として2016年に「女性キャリア開発研究センター」を開設し、在学生のキャリア教育や卒業生を中心とした女性の就業継続に関する調査研究を行っています。

女子大学の新たな可能性

　では女子大学には、在学生のキャリア教育のほかにどのような役割が期待されているのでしょうか。

　ひとつはリカレント教育です。リカレント教育とは、「社会人の学び直し」とも呼ばれ、学校を卒業し仕事に就いてから、必要と感じたタイミングで学び直すプログラムを指しています。リカレント教育の対象は女性に限りませんが、男性に比べて女性は、子育てによる無職の期間がある・非正規雇用が多いといった特徴があるため、それを考慮したカリキュラムや就労支援が必要です。

　もうひとつは女性教職員のキャリア形成です。経済、政治、教育、健康の4つの分野のデータから男女格差を測るジェンダー・ギャップ指数において、日本の順位が低いこと（156ヵ国中120位／2021年）は有名ですが、大学も企業と似たような状況です。女性教員も女性職員も、教育・研究・校務を通してキャリアを積み、マネジメントや経営を担うことが男女共同参画社会の目指すところですが、多くの女子大学で、女性が意思決定の場に十分に参画しているとはいえません。多様性とジェンダー平等を実現する場として女子大学が果たす役割は決して少なくないと思います。

6 働くことの権利
——ハラスメントの法と実務

弁護士　**小島妙子**

1. ハラスメント—今起こっていること

　　今日、職場では、多くの人々が、パワハラやセクハラ、マタハラなどさまざまなハラスメントにより休職や退職を余儀なくされたり、ストレスからくるうつ病等の精神疾患によるメンタル不全に苦しんでいます。しかも、このようなハラスメントは、企業や組織の規模、民間、公務職場にかかわりなく広範に広がっています。全国の都道府県労働局に寄せられた労働相談は、毎年約100万件超であり、そのうち民事上の相談は約4分の1を占める中で、ハラスメント相談はトップを占めています。また、厚労省が2016年3月に初めて実施した実態調査によれば、女性の約3割がセクハラ被害を受けており、不必要に身体に触られた（40.1％）、卑わいな冗談や性生活など性的な話や質問をされた（38.2％）、性的関係を求められた・迫られた（16.8％）など深刻な被害が生じています。看護・介護職が訪問介護・看護の過程で受けるセクハラ、取引先や顧客からのセクハラ、妊娠出産を理由とするマタハラも起こっています。

　　職場におけるハラスメントは、職場の「力関係」を利用・濫用して、相手に精神的・身体的苦痛を与えるものです。20世紀後半以降、各国の職場に女性が進出し、ジェンダーが問題になるにつれ、人権意識の高まりとも相まって、セクハラやパワハラなどさまざまなハラスメントを放置することが被害者の健康に危害を与えるばかりでなく、職場全体の能率を落とし、社会全体にとっても大きな損失を与えるとの認識が広がってきました。とりわけ、2017年アメリカで起こった性的被害を告発する「# Me Too」運動の拡がりが、ILOを中心とする職場における暴力やセクハラ、パワハラ等のハラスメントを禁止する新たな法的なルールの創設を求める動きを急速に強め、2019年6月、ILO総会がハラスメントを禁止する初の国際労働基準（条約と勧告）を採択するに至りました。

このような国際的潮流の中で、わが国でも、セクハラについては 1997 年改正雇用機会均等法（以下、均等法という）、2006 年改正均等法、マタハラについては 2016 年改正均等法、改正育児介護休業法（以下、育休法という）によりハラスメントの規制が加えられていましたが、2019 年 4 月に始まった「フラワーデモ」の参加者の声――「変わらなければならないのは、パワハラや性暴力を許容し続ける社会だ！」――に代表される運動の中で、2019 年 5 月改正労働施策総合推進法（いわゆる「パワハラ防止法」。2020 年 6 月 1 日施行）の成立により、本格的なハラスメント防止法制の時代に入ったといえます。

　パワハラ防止法施行にあわせ、2020 年 6 月、精神障害による労災認定の基準の改正が行われ、「心理的負荷評価表」にパワハラの類型基準が新設されました。「（ひどい）嫌がらせ、いじめ又は暴力を受けた」は、ストレス強度が「強い」類型にあたるとされ、労災が認められやすくなりました。

2.　ハラスメントとは何か

(1) ハラスメントの本質

　私たちが「ハラスメント」という言葉で問題としている行為とは、職場や学校、家庭など「身近な」場面で、上司や教師、親や夫など「力関係で優位にある者」が部下や生徒、妻、子どもに対して、暴力・暴言や職務上必要のない行為・職務の目的を逸脱する行為等により、精神的・身体的苦痛を与えることを意味しています。

　このように、ハラスメントとは、同一集団内での力関係を反映したものであることから、行為者の意図より当事者の関係性（優位性）が重要視されることになり、「加害者」に故意や悪意がなく、単なる冗談や相手の了解（同意）を得ていると思っていても、「被害者」が「不快」「苦痛」を感じている場合は「ハラスメント」にあたります。

ハラスメントには、①地位を利用・濫用し、②他者を「侮辱」し、人間の尊厳を傷つける「態度」によって、③精神的・身体的苦痛を与え、④うつ病等のメンタル不全や職場環境等の悪化をもたらすという特徴があります。

　ハラスメントが問いかけている問題は、「他者を侮辱するな！」「他者を自らの欲望や野望の道具にするな！」ということであり、カントがかつて述べたように「人間を手段ではなく、目的として扱え」ということでもあるのです。

(2) パワハラとは何か
パワハラ防止法

　パワハラ防止法は、職場において行われるパワハラを、①優越的な関係を背景とした言動であって、②業務上必要かつ相当な範囲を超えたものにより、③労働者の就業環境が害されること、の3要素を満たす行為と定義しています。パワハラの典型例は「指針」で示されています。

◎具体例

> ⅰ　身体的な攻撃（暴行、傷害）
>
> ⅱ　精神的な攻撃（脅迫、名誉毀損、侮辱、ひどい暴言）
>
> 　人格を否定するような言動、長時間にわたる厳しい叱責、大声での威圧的叱責など。精神的攻撃には、いわゆる SOGI ハラ（性的指向や性自認に関する侮辱的言動）も含む。
>
> ⅲ　人間関係からの切り離し（隔離、仲間外し、無視）
>
> ⅳ　過大な要求（業務上明らかに不必要なこと・遂行不可能なことの強制、仕事の妨害）
>
> ⅴ　過小な要求（管理職である労働者を受付係にするなど）

vi　個の侵害（私的なことに過度に立ち入る）

　職場外で継続的に監視したり、私物の写真撮影をすること。個の侵害
には、性的指向・性自認や病歴等機微な個人情報について本人の了解
を得ずに他の労働者に暴露する、いわゆるアウティングが含まれる。

　パワハラ防止法は、事業主に対し、雇用管理上の措置義務を課しており、
具体的には、①就業規則等により事業主の方針の明確化・周知・啓発、②相
談窓口の設置、③職場におけるパワハラに対する事後の迅速かつ適切な対応
（事実確認、被害者への配慮措置、加害者への措置、再犯防止）、④相談者・行為
者のプライバシー保護、相談等を理由とした不利益取扱いの禁止を挙げてお
り、事業主が措置をしない場合、指導、助言、勧告がなされるとしています。

（3）セクハラとは何か
均等法11条

　セクハラは、日常用語としては「相手方の意に反する不快な性的言動」を
意味します。均等法11条はセクハラについて定義していませんが、事業主
の措置義務の対象として、「職場において行われる性的な言動に対するその
雇用する労働者の対応により当該労働者がその労働条件につき不利益を受け
ること」（いわゆる「対価型」）と、「当該性的な言動により当該労働者の就業
環境が害されること」（いわゆる「環境型」）を規定し、これらの行為を防止
するための措置を事業主に義務づけています。

　「対価型」のセクハラとは、典型的には、性的関係を迫り、拒絶した女性
労働者を解雇したり、降格することです。「環境型」のセクハラとは、具体
的には、胸、腰、太ももなどへの不必要な身体的接触、ひわいな冗談や性的
な発言、容姿や年齢・身体的特徴についての発言などです。

　セクハラの「行為者」は、事業主、上司、同僚に限らず、顧客や取引先か

らの行為もセクハラにあたります。また、相談等を行ったことを理由とする不利益取扱いは禁止されています（2019年均等法改正）。

「性差別」

　セクハラは、性に着目したハラスメントであり、発生要因としては、職場や大学等での力関係を背景として自らの性的欲望や性的趣向を満足させようとするものです。ジェンダー格差の大きいわが国では、セクハラに関しては依然として「偏見」や「誤解」が広範に流布されており、これらの「偏見」（今日までの男性中心の社会の中で形成されてきた性差別意識にもとづくもの）や「誤解」は、事実によって論証されたものでないにもかかわらず、セクハラの発生要因を支える社会的背景をなしているものといえます。その典型例（セクハラ神話）を挙げておきましょう。

　「本当に嫌なら抵抗できたはずだ。なぜ逃げなかったのか」「逃げたり、大声を出さなかったのは、セクハラなんてなかったからだ」……このような「社会通念」はセクハラの事実認定をめぐり大きな桎梏となっていましたが、今日では、職場や大学等において、支配従属関係にある者からの攻撃に対して、「被害者」は、雇用や教育上の不利益を考慮して抵抗できない状況（拒絶できない状況）に置かれているという「事情」が考慮されるようになり、セクハラが認められるようになりました（たとえば、東北大学セクシュアル・ハラスメント事件（仙台地判平成11年5月24日判時1705号135頁））。

(4) マタハラとは何か

　マタハラとは、働く女性が、妊娠・出産に伴い、産前産後・育児休業等によって業務上支障を来すことを理由として解雇・雇い止めや自主退職の強要、配転などの不利益や不当な取扱いを受けたり、精神的・身体的嫌がらせを受けたりすることを意味します。

　マタハラは、女性労働者にとってはセクハラ、パワハラとともに職場の三

大ハラスメントといわれる不利益取扱いであり、厚労省の調査（2015年実施）では、働く女性の2割が経験し、大企業ほど経験率が高くなり、派遣労働者では半数が被害に遭っています。

　不利益取扱いの態様を見ると、「休むなんて迷惑だ」「辞めたら」などと妊娠・出産、育児関連の権利主張を抑制する発言、またはそれを「示唆」する発言が多く、これを合わせると7割に達しており、この外に賞与の不利益算定が多く、不利益な配転、退職強要や非正規への転換強要、不利益な人事査定、減給などが行われ、解雇・雇い止めはそれぞれ約2割となっています（連合の調査では、約6割の人が妊娠を理由として退職している）。

マタハラに対する法規制

　マタハラに関連する法制度としては、均等法、育介法、労基法が妊娠・出産等を理由とする解雇や退職強要等の不利益取扱いを禁止していましたが、従来は妊娠・出産等の事実と労働条件の不利益取扱いの関連性が明確でないことから（「降格は妊娠・出産が理由ではなく、本人の能力不足が原因だ！」）、法令違反を正面から問うことが困難でした。

　ところが、2014年の最高裁判決（最一小判平成26年10月23日労判1100号5頁）が、「事業主のマタハラ行為は原則違法」との画期的判決を下したことで、事業主の法的責任を追及することができるようになりました。

　均等法、育介法では、事業主はマタハラについて雇用管理上の措置義務を負うとされており、マタハラの具体的な内容を指針で示しています。

◎**典型例**

①「制度等の利用への嫌がらせ型」
　　ⓐ解雇その他不利益取扱いを示唆するもの
　　　「休みを取るなら辞めてもらう」

ⓑ制度等の利用の請求または利用を阻害するもの

　「自分なら請求しない。あなたもそうすべき」

ⓒ制度を利用したことによる嫌がらせ

　「短時間勤務をするなんて迷惑だ」

②「状態への嫌がらせ型」

　ⓐ解雇その他不利益取扱いを示唆するもの

　　「他人を雇うので辞めてもらうしかない」

　ⓑ妊娠したことによる嫌がらせをするもの

　　「妊婦はいつ休むかわからないので仕事は任せられない」

　　「妊娠するなら忙しい時期を避けるべきだった」

　マタハラは行ってはならないものであり、2019 年改正均等法、育介法は、マタハラ防止に関する国、事業主、労働者の責務を明確化しているのです（育介法 25 条の 2)。

3.　ハラスメントと法的責任

　ハラスメントの法的責任は、まず「加害者」個人のレベルでは、①刑事上の責任（暴行、脅迫、強要、強制わいせつ罪)、②民事上の責任（不法行為、債務不履行による損害賠償責任)、③就業規則違反としての懲戒処分（解雇、降格、出勤停止、戒告など）などが問題となり、また使用者のレベルでは、④使用者責任（不法行為、債務不履行による損害賠償責任)、⑤労災補償責任、⑥均等法、育介法、パワハラ防止法上の措置義務上の責任などが問題となります。

4.　ハラスメントに対する対処法

(1) 迅速な対応

　職場で、上司や顧客からセクハラ、パワハラ等のハラスメントを受けた場合、被害者は直ちに相手方に抗議をするか、管理者（会社側）に相談・苦情申し立てをすべきです。

　ハラスメントは心身に対して深刻な障害をもたらし、とくにうつ病等の精神疾患によるメンタル不全から休職や退職を余儀なくされることが多いことから、自らの心身の安全のために、ためらわず迅速な対応が求められます。被害者自身がハラスメントに対して何ら対処をしない場合には、相手方はこれに乗じて執拗に同じ行為を繰り返すことになるので、相手に、嫌だと感じていること、行為をやめなければ会社の相談窓口に相談する意思があると明言する必要があります（メールでもよい）。

(2) 証拠の確保

　加害者やとりわけ会社と交渉するに際しては、証拠の確保が重要です。ハラスメントの加害者・内容・日時を記録し、会社や上司の対応についても詳細に記録しておきます。とくに録音は有効であり、ハラスメントを受けたり、加害者に抗議する際には、なるべく相手に話をさせるよう工夫して、録音しておくとよいでしょう。

　上司や同僚から約2時間にわたって「死ね」「早く辞めろ」などと吊し上げをされた女性職員が、労働組合のアドバイスで事前にボイスレコーダーを携帯しており、怒鳴られた際に録音した記録が決め手となって労災認定された事例があります（明治安田生命労災事件）。相手とのやり取りを録音することは、それを相手に秘して行ったものでも、裁判や労災申請等正当な目的で用いられる限り何ら違法ではありません。また、相手にやり取りを録音する

ことを告げておくことは、相手の行為を抑止する効果もあります。

(3) 安全・安心と健康の確保

　ハラスメントを受けた本人は、多くの場合、ストレスからうつ状態になっており、PTSD（惨事ストレス）になっていることもあり、できるだけ精神科医の診断を受ける必要があります。会社の嘱託医への相談では、プライバシーが守られないおそれがあるので、本人の日頃の健康状態を把握している、かかりつけ医の診断を受けるのがよいでしょう。

(4) 社内外の相談窓口への支援要請

　理解ある上司、人事異動、労働組合、苦情処理窓口、健康管理室などに相談を求めるのもよいでしょう。近時は、公益通報者保護法の制定などでパワハラホットラインなどを設置する企業が増えています。ただし、プライバシーや人権の保護が徹底されているかどうか確認が必要でしょう。

　会社の窓口への相談では安心できない場合には、労働組合へ相談してみるとよいでしょう。社外の弁護士や都道府県労働局の労働相談センターに相談する方法もあります。

参考文献
小島妙子（2008）『職場のセクハラ』信山社
水谷英夫（2020）『予防・解決　職場のパワハラ、セクハラ、メンタルヘルス
　　第 4 版』日本加除出版
水谷英夫（2020）『職場のいじめ・パワハラと法対策　第 5 版』民事法研究会

世代を超えて——キャリアのなかの私たち——

広島大学・東北大学名誉教授　羽田 貴史

　私の母は、1921 年に旧制中学教員の祖父と、渡船業を営む祖母との間、4 男 8 女 12 人兄弟の三女として北海道釧路に生まれた。高等女学校まで終え、穏やかな少女期を過ごしたが、戦争による物資不足、母の死で、家業・家事・育児を担うも、空襲による火災、渡船業の廃業で、食べるために慣れない農業を始め、姉妹を嫁に出し、私の父と結婚したのは 20 代も後半であった。

　その父は、1913 年生まれ。北海道本別町の実業家の長男に生まれ、大阪の親戚宅で修業し、旧制中学に入学したが、実家が倒産し財産のほとんどを失ったのち、24 歳で召集を受け衛生兵として 20 代を中国で過ごし、終戦の時は 32 歳であった。社会人経験を培う時期を兵隊として過ごした父は、35 歳で結婚したものの、確たる職業スキルが身につかず、実父・継母との折り合いの悪さから実家の財産を継ぐこともなく、44 歳で実家を離れ、50 歳になるまで定職につかなかった。その間の生活費は母が稼ぎ、父が定職についていた 10 年間の間にも、家政婦などで家計を支えた。

　兄は工業高校卒業後、本州の自動車メーカーに就職し、10 年たって両親の面倒を見るため実家に帰り、父が退職後ほそぼそとやっていた自動車保険の代理店を始め、20 年かけて全道で屈指の保険事務所に育てた。妹は、女も手に職がないとだめだという母の決心で、箏の師匠に高校卒業後弟子入りして東京へ行ったが、縮小している琴の世界では厳しく、数年後に実家に戻り、兄弟で一番早く結婚し、2 人の子育てを終えた。

　私は、北海道大学に進学し、低額の授業料（月千円）、学生寮（月 7,250 円で三食付き）、奨学金（特別奨学金は月 1 万円）に支えられて教養－学部－大学院の 8 年半を過ごし、大学教員になった。最初に就職した福島で結婚した妻は、福島で百年近く農家を営む一家の長女として生まれ育ち、近所の主婦に「国立大学に行くと嫁にいけねえぞ」と言われる環境で、教員養成学部に進み、寮と奨学金で仕送りもなく卒業し、小学校教員になった。

　妻の母は、1935 年、東京・三軒茶屋の商家に生まれたが、空襲を避け、福

島県へ縁故疎開し、そのまま定住した。学校の成績は優秀で、教師が進学を勧めて家庭訪問するほどであったが、同級生と結婚し、農家の妻・嫁・母として八面六臂で一家を支えた。専業農家の例にもれず現金収入に乏しかったが、3女1男の子どもたちに大学院・大学・短大教育を受けさせ、それぞれ独立した。

　私は40代に入ったころ、押し寄せる仕事で中年期の危機に遭遇し、打開するために研究環境の良い広島大学へ移動し、妻も広島県で教員採用試験に合格し、私たち夫婦は、そこで2人の子どもを育てた。大都市圏の私立大学に進んだ子どもたちは、卒業して長女は独立行政法人の職員に、長男は自治体の公務員となり、それぞれ結婚して家族を持った。

　義父母が70歳を過ぎるころ、私は妻の実家に近い東北大学へ移動した。まもなく東日本大震災が起き、津波と原発事故で地域は荒れ果て、農業の再開をあきらめた義父母は地元に戻り、末娘夫婦の家の隣に住んでいる。退職して私と合流した妻は、宮城県で特別支援のパートをしながら、実家の義父母をケアする日々である。

　これが私と妻を含めた5代130年にわたる一族のキャリアである。

　キャリア論は、圧倒的にアメリカの影響が強い。「生涯を通じての人間の生き方・表現」（シャイン）、「生涯キャリア発達」（スーパー）、「統合的人生設計」（ハンセン）など表現は多様であるが、自立した個人が自由に自己実現を達成するというモデルである。それは、宗教弾圧、身分、本国の社会的規制を逃れ、自由を最大価値としてアメリカに移り住んだ彼らの願望と理想の表れでもある（その自由は、先住民の財産をただ同然で奪い、大西洋奴隷貿易で作り上げた奴隷制が生み出した富の上に成り立ったのだが）。

　現実の人間はか弱い。人間は、戦争・自然災害・疾病・経済不況の影響から逃れることはできない。自分を守るために、人間はさまざまな装置と概念を作り上げた。その最初のものは家族である。キャリアは、家族の中で育ち、成人して独立し、あらたな家族と広い人間関係の中で学びあい・支えあいながら発展してきた。キャリアは個人のものだけではない。自分自身の転職や移動には、妻や子ども、さらに親のことを考えないわけにいかない。人は、望むように生

きようとするだけでなく、望まれるように生きなければならない。キャリアとは、個人だけではなく、家族や私につながる人々を含む私たちのキャリアなのである。

　父母の世代は、生きること自体が目的であり、いかに生きるかという選択の余地はほとんどなかった。母も義母も、夫の人生を支えるために生き、その労力の多くは、子どもたち世代のキャリアを開くために尽くされた。キャリアが他者を犠牲にして成り立つ時代があり、今もその時代は終わっていない。

　私たちの世代では、共稼ぎは普通のことになったが、それを支える制度は弱く、私の場合、広島大学へ転出した時は 90 年代も半ばだったのに、既婚女性はパートタイムが普通だとされ、地元の保育所は 16 時 40 分で終わり、あとは個人で誰かに預けるように言われ、私たちは、18 時まで保育がある別の自治体に転居して 2 年間を過ごした。今、子どもたちの世代も共稼ぎだが、病後保育もあれば夫の育休も、柔軟な勤務形態も選べるようになっている。キャリア（career）は、もともと中世ラテン語の道を意味する言葉から派生してきた。人のキャリアは、前の世代の願いや苦闘の結果切り開いてきた細い道を、後の世代が広く太くしながら、さらに次の世代のために道を開きながら進んできた。そのキャリアの中に私たちのキャリアもある。

　だから、現世代のキャリアは、自分たちだけのものではない。自分たちのキャリアを広げることは、次の世代のキャリアを広げることにつながるのである。そのために何をすべきで、何ができるのか、これは、キャリア論の究極の問いではないだろうか。

わたしがひらくキャリアの扉
──ロールモデルに学ぶ

　MGU ではキャリア教育の一環として、キャリア・アップ・セミナー、キャリア科目の特別講義等を広く学生、市民に公開しています。そのなかから、とくに学生の関心が高かった 2 つの事例と学生の感想をご紹介します。

1. 「好きなことを仕事に」会議通訳　上野三保さん

　上野三保さんは、4 年制の女子大学で英文学を学ばれた後、外資系企業での勤務のかたわら通訳養成校で学び、金融等の一般企業の通訳・翻訳業務に従事されました。さらに通訳業務を行うにあたって英語以外の知識が必要と国際政治学を学び直しました。その後フリーランスの会議通訳として、さまざまな業界のビジネス会議、国際会議の通訳業務、学術分野の国際シンポジウム通訳でも活躍されています。（東京在住）（「キャリア・アップ・セミナー」講演 2020 年 12 月　オンライン）

上野美保さん（会議通訳）のお話を聞いて（学生コメント紹介）
　通訳者としての難しさや、コロナによる仕事への影響を聞き、自分自身の就職活動と繋がるところが多くあり、勉強になりました。
　会議通訳は、じっくり丁寧に訳す翻訳とは異なり、スピード感が求められ、またその時限りのものという特徴を理解できました。（中略）「コミュニケーション」のお手伝いをする役として、人と人の仲介的位置に立ち、的確に伝える必要があり、重要な仕事だと思いました。また、通訳者は狭き門であり、実績や経験が重要となる仕事と聞き、いきなり飛び込むのはかなりリスクがあると思いました。そのような中でチャンスをものにし、自信を取り戻し、遠回りしてでも、好きなものと仕事を結びつけた上野さんはかっこいいと思います。
　現在、就職活動が本格的に始まり、本当に自分がやりたいことはなにか、自分は何が得意なのかと日々自分と向き合う毎日で、辛くなることがありま

す。しかしセミナーに参加し、それを必死に探すのではなく、直感的に「なんとなく」をキーワードに、毛嫌いせずに取り組むことで本当の自分に会えるという話を聞き、取り組み方を見直してみようと思いました。怯まずにチャレンジ精神を持ち、前を見て取り組もうと思います。（生活科学部　3年）

2. 「SDGsとみやぎの女性〜震災を契機に地域で女性が活動すること」NPO法人ウィメンズアイ代表理事　石本めぐみさん

　石本めぐみさんは2011年3月の東日本大震災時、東京で大きな揺れを経験し、仕事を休んで災害ボランティアとして宮城県へ。登米（とめ）市でのボランティア活動を経て南三陸町を拠点に、「NPO法人ウィメンズアイ」を立ち上げました。地域に根ざしたワークショップは800回を超え、東北の次世代女性リーダー育成「グラスルーツアカデミー東北」も実施。ローカルとグローバルをつなぐ活動は世界的にも注目されています。（「ライフワーク論」2020年12月）

「SDGsとみやぎの女性」特別講義を聞いて（学生コメント紹介）
　SDGs（持続可能な開発目標）について詳しく学べることができ貴重な講義内容でした。実際に目を向けると、日本はまだまだ男性社会が残っていることをわかりやすい説明でうかがい理解が深まりました。ジェンダー平等な社会を実現するためには、このような知識を深めることが大切だと感じ、幅広く学んでいこうと思います。（学芸学部　3年）
　女性という観点だけでなく、震災の被災地宮城県に重きを置いた情報も知ることができ、女性と地域、震災と女性、と今まで考えなかった観点からジェンダーについて学べて大変面白い講義でした。（学芸学部　4年）

〔まとめ・天童睦子〕

執筆者一覧（執筆順）

天童　睦子（てんどう　むつこ）（編者。まえがき、第１章、第２章、第７章）
宮城学院女子大学一般教育部教授／博士（教育学）
専門：女性学、教育社会学、キャリア形成論

小野　和子（おの　かずこ）（第３章、Column 2）
キャリアコンサルタント／教育学修士（生涯学習論）
ハローワーク等の公的機関や早稲田大学キャリアセンター等でキャリア形成関連業務に従事

高橋　修（たかはし　おさむ）（第４章、Column 3）
東北大学准教授を経て、宮城大学事業構想学群教授／修士（経営情報学）／１級キャリアコンサルティング技能士
専門：人的資源管理論

木野　和代（きの　かずよ）（第５章）
宮城学院女子大学学芸学部心理行動科学科教授／博士（教育心理学）
専門：感情心理学

小島　妙子（こじま　たえこ）（第６章）
弁護士／ジェンダー法学会理事／日本弁護士連合会両性の平等に関する委員会特別委嘱委員、法務省 性犯罪に関する刑事法検討会委員
専門：ジェンダー法学

＊

〔コラム〕
木脇奈智子（きわき　なちこ）（Column 1）
藤女子大学人間生活学部教授／博士（比較文化）

加藤　千恵（かとう　ちえ）（Column 4）
京都光華女子大学 女性キャリア開発研究センター長・教授／社会学修士

三宅　麻未（みやけ　まみ）（Column 4）
大手前大学経営学部講師／博士（商学）

羽田　貴史（はた　たかし）（Column 5）
広島大学・東北大学名誉教授、元東北大学キャリアセンター長／教育学修士（高等教育論）

```
name
```

キャリアを創る ── 女性のキャリア形成論入門

2021年4月30日　第1版第1刷発行
2024年1月20日　第1版第3刷発行

編　者　天童　睦子

発行者　田中　千津子

発行所　株式会社 学文社

〒153-0064　東京都目黒区下目黒3-6-1
電話　03（3715）1501 ㈹
FAX 03（3715）2012
https://www.gakubunsha.com

印刷／新灯印刷

ISBN 978-4-7620-3092-5